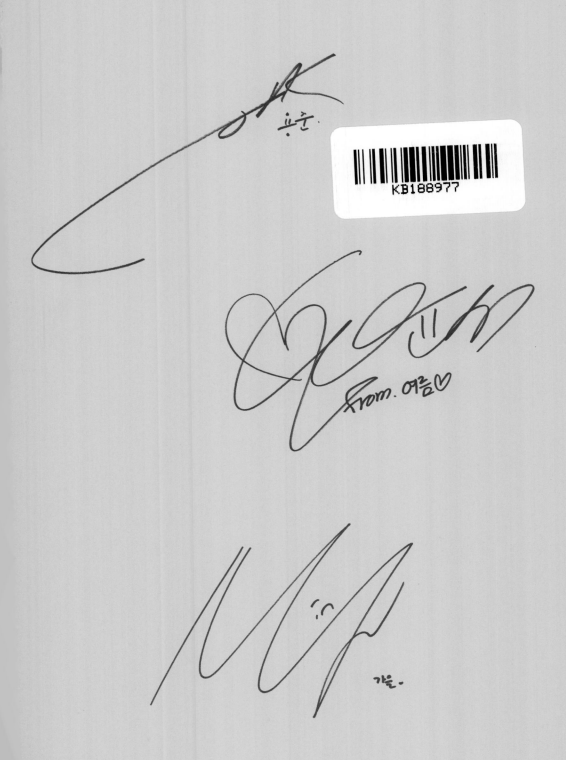

청설

청설
각본집

STUDIO:ODR

"내 진심을 보여 줄게."

"네 진심을 들어 줄게."

"우리의 마음을 전할게."

청량한 설렘이 필요한 순간, 청설

빛바래고 희미해진 기억과 감정을 더듬어 가며 썼던 시나리오입니다.

많은 분의 도움으로 제 머릿속에서만 존재하던 용준, 여름, 가을이

완벽한 모습으로 살아 숨 쉬게 되었습니다.

'청설'의 마음으로 뜨거웠던 시간을 함께해 준

모든 배우님들과 스태프 여러분들께 진심 어린 감사의 마음을 전합니다.

_〈청설〉 감독 조선호

용준에게 여름이가 첫사랑인 것처럼

제게도 〈청설〉은 첫사랑이라 말할 수 있는 작품입니다.

혼자라면 느낄 수 없는 것들을,

누군가를 순수하게 사랑하며 다채롭게 경험하던 인물들을,

다시 만나 볼 수 있게 각본집을 펴내 주심에 마음을 담아 감사드립니다.

_홍경(용준)

"사랑은 그 자체로 충분히 전달되기 때문에 번역이 필요하지 않다."
글을 처음 읽었을 때의 저처럼
용준, 여름, 그리고 가을의 순수한 사랑의 마음들을
글 안에서도 온전히 느껴 보시길 바라며…!
싱그러운 설렘을 담은 저희의 이야기, 들어 주셔서 감사드립니다.

_노윤서(여름)

여러분들은 어떤 사랑을 하고 계시나요?
용기 내어 다가갈 수 있길
각자의 언어대로 사랑을 전할 수 있길 응원합니다.

_김민주(가을)

용준

꿈도 목표도 명확하지 않은 취업 준비생.
부모님 도시락 가게에서 배달 일을 돕다가 우연
히 여름을 만나 첫눈에 반하고, 여름을 온 마음을
다해 사랑한다.

"난 그냥…
니가 니 생각을 안 하니까,
내가 자꾸 니 생각을 하게 돼."

가을

청각장애를 가진 수영 선수.
올림픽 출전이라는 꿈을 이루고자 노력하면서 언
니 여름이 자신의 삶을 살기를 응원한다.

"나 믿어 주면 안 돼?
난 다시 시작할 거고.
혼자 잘할 수 있어."

여름

동생 가을의 꿈과 목표에 몰두하는 언니.
현실에 치이기만 하는 여름의 삶에 용준이 등장
하고, 이후 느리지만 천천히 마음의 속도를 맞춰
가기 시작한다.

"세상 참 단단하다, 그치?
소리 하나만 없을 뿐인데.
완전 다른 세상이야.
들어갈 수도 없고, 나갈 수도 없고…"

그 여름의 청량했던 첫 설렘

홍경　　　처음 누군가를 사랑하고, 그 과정에서 몰랐을 감정들을 느끼고,

노윤서　　여름 냄새 많이 나고, 또 되게 반짝반짝거리는…

김민주　　'용준'과 저희 언니 '여름'의 풋풋한 사랑 이야기를 담았고요.

조선호 감독　　평범하지만 특별한 이야기라고 말씀드리고 싶고요. 한 사람을 이
　　　　　해하고 다가가는 그런 이야기라고 할 수 있죠.

홍경　　　처음으로 '여름'이를 보고 사랑에 빠졌던 순간이나 마음을 표현하
　　　　　고 마음 졸이고 하는 것들…

노윤서　　들리는 대사는 없지만 주변의 소리라든지 그런 게 오히려 더 잘
　　　　　들리면서 특색이 있다고 생각을 했고요.

조선호 감독　　사랑스러운 이야기잖아요. 영화가 갖고 있는 순수함은 꼭 가져가
　　　　　야 되겠다 싶었죠.

사랑과 꿈에 직진하는 이들

조선호 감독   캐스팅을 준비할 때 우리 홍경 배우, 노윤서 배우, 김민주 배우가
주목을 받던 시기였던 걸로 저는 기억해요. 제가 머릿속으로 상상
했던 이미지가 사람 자체 본연에 있었어요.

홍경   '용준'이는 아직 하고 싶은 걸 찾지 못해서 찾는 중이지만, 제가 볼
때는 자기가 알아서 잘 찾아 나가고 있는 것 같아요. '여름'이를 통
해서 배우고, 뭔가를 느끼고 그러면서 찾아 나가는 것 같아요.

노윤서   '여름'이는 생계를 도맡아서 '가을'이까지 뒷바라지하는 생활력이
아주 강한 친구입니다. 아직 자기 꿈이 무엇인지 잘 모르는 상태
인데, 현실에 치여서 경험을 많이 못 해 본 것 같아요.

김민주   '가을'이는 꿈을 향해서 굉장히 열심히 달려가고 있는 친구입니다.
청각장애를 가지고 있지만 걸림돌이 아니라고 생각하고 있습니다.

손으로 사랑을 말하고 가슴으로 느끼는

홍경   익숙한 언어가 아니라 다른 언어를 통해서 내 마음을 꺼내는 일이
니까 좀 더 집중하게 되었던 것 같아요. 한시도 상대방에게서 눈
을 뗄 수가 없잖아요. 왜냐하면 무슨 말을 하는지 들어야 되니까.

노윤서   수어가 비언어적 표정이 되게 중요하거든요.

홍경   이 사람이 지금 나한테 무슨 말을 하고 있고, 어떤 마음을 나한테

주고 있구나.

노윤서   표정을 다양하게, 크게 쓰시더라고요. 거울 보면서 연습을 많이
                        했어요.

김민주   새로운 언어를 배우면 배울수록 더 알고 싶은 느낌이었고, 연기라
                        는 걸 의식하지 못하고 모든 것이 자연스러웠던 것 같아요.

노윤서   표정으로만 말해도 차고 넘쳤다고 생각해요. 눈빛만으로도.

순수한 이들의 사랑 이야기가 다시 시작됩니다

홍경   누군가를 처음으로 사랑하는 것은 살면서 다 겪는 일이잖아요.

김민주   영화를 다 보고 나면 분명 모든 인물들을 응원하게 되실 거라고
                        생각하거든요.

노윤서   정말 따뜻하고 좋은 영화이기 때문에 많이 기대해 주시고 또 많은
                        관심 부탁드립니다.

홍경   저희 영화는 극장에서 봐야 될 이유가 충분한 영화니까 곧 극장에
                        서 만나 뵐 수 있으면 좋겠습니다. 감사합니다.

_〈청설〉 캐릭터 코멘터리, 플러스엠 엔터테인먼트 유튜브

Part 1

Hear me

〈청설〉 각본

일러두기

1. 대사는 입말임을 감안하여, 일부 한글맞춤법에 어긋나는 표기도 그 표현을 살렸습니다.
2. 이 책은 최종 각본으로, 영화에 나오지 않는 부분이 포함되어 있습니다.
3. 각본에 등장하는 영화 용어는 다음과 같습니다.

    INS.(insert) : 장면과 장면 사이에 끼워 넣는 삽입 화면
    cut to : 하나의 장면에서 다른 장면으로 별도의 효과 없이 넘어감을 나타내는 장면 전환 기법
    V.O.(voice over) : 장면에는 등장하지 않는 인물이 장면 밖에서 말하는 대사
    S# : 신 넘버
4. 각본에서 수어 대사는 별색으로 표시했습니다.

S# 1. 용준의 방 안 / 낮

3층 건물 누군가의 방 안, 활짝 열린 창밖으로 풍경이 보인다.

파란 하늘, 푸른 가로수들, 그리고 사람들로 북적이는 활기찬 거리.

평범한 일상의 듣기 좋은 소리들이 귓가를 간질이고 있다.

카메라가 천천히 뒤로 물러나기 시작하면, 창문 앞 테이블 위,

하얀 워드 문서가 열려 있는 노트북 화면이 보인다.

보면, 〈저는〉까지만 쓰여 있고, 커서만 천천히 깜박이고 있다.

커튼이 바람에 살랑이고, 카메라가 천천히 원을 그리면,

노트북 앞에 앉아, 두 눈을 감고 있는 용준(26)의 얼굴이 보인다.

용준   ·················

졸고 있는지, 생각에 잠긴 건지, 알 수 없는 용준의 표정에서—

S# 2. 체육 센터 안, 수영장 / 낮

물소리와 함께, 물속으로 뛰어든 농인 수영 선수 가을(23)이 보인다.

가을이 매끄러운 잠영으로 물속의 카메라를 스쳐 가고

크게 일렁이던 수면의 물결이 천천히 잔잔해지면,

수면 너머 실루엣이 스르르 가을의 언니 여름(26)으로 변하며

일렁이는 수면 위로 타이틀이 떠올랐다 사라진다.

──────────────── 청설

S# 3. 미정도시락 안 / 낮

3층짜리 건물의 1층, 깔끔하고 단출한 도시락 전문점. 보면,

도시락집 사장이자 용준의 엄마인 수수하고 단아한 외모의 미정(51)과,

옆에는 캘리그래피로 메뉴판을 새로 만들고 있는 아빠 인철(49),

그 앞에는 뚱한 표정으로 마주 앉은 용준이 보인다.

용준   안 해.

미정	해.
용준	취업할게. 취업하면 되잖아!
미정	(용준의 휑한 이력서를 들어 보이며) 이걸로?
용준	(당당한) 어.
미정	어디?
용준	… (말문이 막히다) 여기 말고 어딘가?
미정	('이걸 확!' 하면)
용준	(눈알 굴리다) 일단은… 지금 이대로?
인철	(글씨를 그리다 끼어드는) 아무것도 안 하고 싶은 게, 하고 싶은 거 아냐?
용준	…아마도?
미정	너 하고 싶은 게 뭔지 모르겠다메? 일단 해!
용준	그래도 여기는 아님.
미정	전공은 못 살려?
용준	철학과 어따 써?
인철	(또 낄낄대며 끼어드는) 철학관?
용준	그 철학 아님.
미정	공무원은 어때? 안정적이잖아.
용준	적성에 안 맞아.
미정	니 적성이 뭔데?
용준	이제부터 치열하게 탐구해 봐야지.

미정	(한숨) …탐구고 나발이고, 오늘부터 일해.
용준	좀 쉬면서. 생각해 보고. 천천히.
미정	좀 일하면서. 생각하면서. 얼른. 안 하면 용돈 없어.
용준	엄마!
미정	일단 3개월만 해. 하면서, 하고 싶은 거 찾아.
	대신 용돈 올려 줄게. 가. 배달 밀렸어.
용준	하… (마지못해 일어나며) 딱 3개월만?
미정	어.
용준	(입구 쪽 테이블에 놓인 배달 도시락 들고 돌아보며) 용돈 꼭 올려 줘?
미정	어.

미적미적 가게를 나서는 용준, 곧 다시 뛰어 들어와서는,

용준	저게 뭐야?

보면, 가게 앞에 세워진 클래식 스쿠터 베스파,
꽁무니에 어울리지 않는 배달 통이 설치되어 있다.

용준	누구 맘대로 저런 흉측한 걸 달았어?
미정	내 맘대로?
용준	이거 배달용 아니라니까?!

미정   배달하면 배달용이지. 안 가?

용준   하…

미정의 단호한 모습에 결국 스쿠터에 오르는 용준. 붕~ 멀어져 가면,

인철   저러다 여기 눌러앉음 어떡하게?

미정   설마~ 하기 싫은 거 하다 보면, 하고 싶은 게 생기겠지.

인철   (완성한 새 메뉴판을 들어 보이며) 어때?

미정   (영혼 없는) 잘했네.

인철   잘했어?

주방으로 들어가는 미정을 졸졸 뒤따르는 인철에서—

S# 4. 거리, 도로 / 낮

스쿠터를 타고 시내를 달리고 있는 용준.

투덜투덜 구시렁대다, 시원한 바람에 표정이 풀어진다.

S# 5. 체육 센터 앞 / 낮

출입구 근처 주차장 한편에 나란히 세워진 스쿠터 두 대.

낡은 스쿠터 하나와 용준의 배달 통 달린 베스파가 보인다.

S# 6. 체육 센터 안, 복도 / 낮

양손 가득 도시락 봉지를 들고 두리번대고 있는 용준,

마주 오던 운동복 차림의 한 아이(열두 살 내외)에게 다가간다.

용준   여기 수영장이 어디예요?

아이   …… (난감한 표정, 자신의 귀와 용준의 입을 가리키면)

용준   아! (눈을 맞추며, 또박또박) 수영장, 어디예요?

하지만 아직 구화(*입 모양 읽기)가 서투른지, 말똥말똥 바라보기만 하는 아이.

용준   하… (도시락 봉지를 내려놓으며) 내 이걸 써먹을 줄은 꿈에도 몰랐네.

         여기… (수어 단어가 잘 생각이 안 나는지, 잠시 버벅대다) 수영장 입구가

         어디예요?!

그제야 알아들은 아이의 표정이 밝아지면서—

S# 7. 체육 센터 안, 수영장 / 낮

문을 열고 수영장 안으로 들어오던 용준,

문득! 발걸음을 멈추고 어딘가를 멍하니 바라보는데,

보면, 고요한 수영장 안에 물살 가르는 소리만이 흐르는 가운데,

용준의 눈앞에서 매끄럽게 킥턴을 하는 가을과

풀 바깥에서 가을을 따라가며 시간(50m 기록)을 재고 있는 여름이 보인다.

빠르게 물살을 헤치는 가을을 바라보는 여름,

'조금만 더… 조금만 더…' 하는 표정이 떠올라 있다.

용준   ………

그리고… 그런 여름을 홀린 듯 바라보기 시작하는 용준의 얼굴.

자신도 모르게 용준이 여름을 따라 발걸음을 옮기기 시작하면,

홀로 수영하고 있는 가을을 사이에 두고,

용준과 여름이 양쪽 풀 밖에서 천천히 따라 걷는 가운데,

여름은 가을만을, 용준은 여름만을 바라보고 있다.

곧 빠르게 터치 패드를 찍는 가을, 수경을 벗으며 돌아보면,

용준의 시선으로 보이는 여름이 환히 웃으며, 기뻐하고 있다.

용준   (멍하니, 저절로 웃음이 피어나는데)
여름   가을아, 드디어 30초 깼어!

가을에게 달려와 소리 없는 손짓으로 기뻐하는 여름.

감독과 동료 선수들도 다가와 축하해 주는 사이,

한 농인 선수가 배달 도시락을 들고 선 용준을 발견하고 다가온다.

용준   (그제야 정신을 차리고 도시락을 건네며) 맞는지 확인 좀요.
농인 선수1 …?! (예상치 못한 수어에 슬쩍~ 용준을 바라보고는)

배달이 맞게 왔는지 도시락을 확인하기 시작하면,

용준의 시선은 다시 가을과 수어로 대화하는 여름을 향한다.

여름   (시간을 확인하고는) 나 먼저 갈게! 알바 늦었어.
가을   응. 밥 잘 챙겨 먹고.
여름   응. 수고해~

가방을 챙겨 바쁜 발걸음으로 용준을 스쳐 가는 여름,

용준은 스쳐 가는 여름에게서 시선을 떼지 못하는, 그때!

용준의 눈앞에서 살랑이는 농인 선수 1의 손.

용준   …?! ('아…' 하고 돌아보면)

농인 선수1 맞아요. 수고하세요~ (고개 꾸벅 하면)

마주 인사한 용준이 잰걸음으로 수영장 밖으로 나가면서ㅡ

S# 8. 체육 센터 앞 / 낮

홀로 주차된 배달 통 달린 베스파 너머,

밖으로 나와 두리번거리던 용준이 주차된 스쿠터로 다가온다.

뭔가 아쉬운 얼굴로 헬멧을 쓰던 용준, 가만 보면,

아까 나란히 서 있던 낡은 스쿠터가 어느새 사라져 그 자리가 비어 있다.

용준   ……

묘한 감정의 여운이 스치며, 뭔가 망설이는 용준의 표정에서ㅡ

S# 9. 체육 센터 안, 수영장 / 낮

천천히 레인을 오가는 농인 수영 선수들.

그 가운데, 킥턴을 하고 잠영하는 가을이 보인다.

돌고래처럼 유연한 가을의 잠영. 편안한 표정에 미소가 스친다.

물속으로 레인 끝까지 간 가을이 푸~ 숨을 토하며, 수면 위로 솟구치면,

가을   (움찔) ?!!!

코앞에 바짝 들이민 용준의 얼굴이 가득 보인다.

수경을 벗은 가을이 의아한 표정으로 쪼그려 앉은 용준을 올려다보면,

용준   저기… 아까 그 사람도 수영 선수예요?

가을   누구요?

용준   아까… 그쪽이랑 같이 있던 사람.

가을   ('아…' 하다가) 아닌데요?

용준   ('아~' 하다가) 그럼, 친구?

가을   아뇨. 우리 언닌데요?

용준   ('아아~' 하다가, 대뜸) 이름이 뭐예요?

가을   ?!? (놀란 듯 두 눈이 동그래지고) 지금 헌팅 하는 거예요?

용준   (당황) 아니, 꼭 그런 건 아닌데… 아니, 그런 게 맞기도 하고…

당황하는 용준을 가만히 바라보는 가을,

순수한 용준의 모습에 살짝 짓궂은 미소를 짓는다.

가을   내 이름? 아님 언니 이름?

용준   언니요. (하다가, 멋쩍은 듯 웃으며) 아니, 둘 다요.

가을   !!? 지금 둘 다 꼬시는 거예요?

용준   ('어? 어…' 다시 당황하는) 아니 그건 아닌데…

그 모습에 소리 없이 풋! 웃는 가을. 곧,

가을   난 가을, 언니는 여름.

        내 얼굴이름(*수화를 할 때 한글 이름 대신 쓰는 수어 이름)은 이거. (검지로

        보조개 찍는, '예쁘다' 수어)

        언니는 (엄지와 검지로 입꼬리 올리는, '미소' 수어) 이거.

여름과 가을의 얼굴이름을 따라 해 보는 용준,

'고마워요~' 하듯 손을 흔들고 일어나다, 다시 쪼그려 앉고는,

용준   그리고 혹시, 아까 앞에 서 있던 스쿠터… 맞죠?

가을   맞아요.

용준   (씨익~ 웃으며 일어나다, 다시 쪼그려 앉고는) 전화번호도 좀… (하면)

가을   그건… (수경을 다시 쓰며) 직접 물어보세요.

장난스럽게 웃고는, 첨벙~ 물속으로 사라지는 가을에서―

S# 10. 미정도시락 안 / 낮

가게 앞에 스쿠터를 세우고 들어오는 용준.

도시락을 포장하던 미정과 인철에게 다가오더니,

용준   이거 배달할 거지?

미정   어? 어.

용준   오케. (봉지를 집어 들고, 다시 배달을 가면)

인철   뭐야? 쟤 갑자기 왜 열심이야?

미정   낸들 알어?

인철   역시 내 가게를 노리고…??

미정   말도 안 되는 소리!!

인철   왜? 하면 좋지.

미정   안 돼! 그리고 이게 왜 당신 거야? 내 거지.

인철   에이. 당신이 내 거니까, 가게도 내 거지.

미정   아니지. (손가락질) 당신은 이 가게 거. (손가락질) 이 가게는 내 거.

(손가락질) 그니까 당신이 내 거! (주방으로 들어가며) 다 내 거야!

인철   아우~ 우리 미정이 욕심쟁이네?

강아지처럼 미정의 뒤를 졸졸 따르는 인철에서―

S# 11. 거리 / 낮

배달을 마치고 한 건물에서 나오는 용준,

스쿠터에 올라타고는, 혹시나 싶어 슬쩍 주변을 돌아본다.

뭔가 아쉬워하는 용준의 표정, 붕~ 스쿠터를 타고 다시 배달을 나선다.

S# 12. 거리, 골목 어귀 / 낮

시원한 바람을 맞으며 거리를 달려오는 용준,

갑자기 스쿠터를 세우더니, 두 발로 몇 미터 후진해 골목 안쪽을 바라보면,

용준   !!

골목 안쪽에 세워진 여름의 낡은 스쿠터, 그리고…

편의점 샌드위치를 입에 물고 낑낑대는 여름이 보인다.

S# 13. 거리, 골목 안 / 낮

난감한 듯 스쿠터를 요리조리 살피고 있는 여름.

브레이크 잡고 다시 시동을 걸어 보면,

후덜…덜…덜…… 꺼지는 엔진. 다시 걸어도, 후덜덜…… 또 꺼진다.

그때! 여름의 눈앞에서 살랑살랑 흔들리는 누군가의 손.

돌아보면, 헬멧을 벗으며 씨익~ 웃는 용준이 보인다.

여름   ?? (얼굴을 알아보고, 놀란 듯하면)

용준   내가 좀 봐 줘요?

          제가 잘하는 건 없지만, 또 못하는 것도 없그든요~?

여름   ?? ……

여름이 어리둥절 멍하니 서 있는 사이,

능숙하게 스쿠터 이곳저곳을 확인하는 용준, 대충 문제를 파악한 후 보면,

급한 듯 시간을 확인하는 여름이 보인다.

용준   (여름의 눈앞에 손을 흔들고, 보면) 이게 엔진이 카뷰레터라서,

	안에 오래된 기름이 고였어요. 기름 빼면 시동 걸릴 거예요.
여름	저기… 오래 걸릴까요?
용준	한 한 시간 정도? 여기선 안 되고… (하다가) 급해요?
여름	(끄덕끄덕)
용준	그럼 제 거 타고 가요. 이건 제가 고쳐 놓을게요.
여름	아니에요. (꽁무니의 배달 통 보고) 그쪽도 바쁠 텐데…
용준	전혀! 이거 쓰시고, 다음에 만나서 바꿔요. 우리… (환히 웃으면)
여름	(우물쭈물, 시간 한 번 보고는) 고맙습니다. (꾸벅)
용준	(그저 웃으며 멍하니 바라보고 있으면)
여름	?? (손을 내밀고 가만히 바라보고)
용준	??? (여름의 손을 보며 멀뚱멀뚱~ 하면)
여름	스쿠터 바꿔야죠. 폰 줘요. 번호 알려 드릴게요.
용준	!! (그제야 '아~' 하고 잽싸게 스마트폰을 건네주면)
여름	(용준의 스마트폰에 자기 번호를 찍어 건네준다)
용준	(여름 번호가 찍힌 스마트폰에 입이 귀에 걸릴 듯 웃고)
여름	꼭 연락 주세요.
용준	넵.

시간이 늦었는지, 바로 용준의 스쿠터에 올라타는 여름.

멍하니 선 용준에게 슬쩍 인사하고 부웅~ 달려가면,

용준   ......

여름이 사라질 때까지 그 모습을 바라보던 용준,

싱긋 웃으며 〈여름〉이란 이름으로 번호를 저장하면서—

S# 14. 거리 / 낮

용준의 스쿠터를 타고 거리를 달려가고 있는 여름.

시간 보고, 스로틀을 확! 당기면, 부앙~ 하고 튀어 나가는 스쿠터.

여름   ('오! 잘 나가네?' 하는 표정이 떠오르고)

쌔앵~ 거리를 달려가는 여름의 모습에서—

S# 15. JJ 바이크 숍 안 & 앞 / 낮

전기 스쿠터부터 레이싱 머신까지 가득한 바이크 숍.

여름의 낡은 스쿠터를 가게 안으로 끌고 오는 용준이 보인다.

용준   야! 이거 좀 살려 봐.

보면, 아이스커피를 마시려다 '뭔데?' 하는 표정이 되는 남자,

바로, 바이크 숍 사장이자 용준 친구, 재진(26)이다.

재진   (스쿠터로 다가가며) 이 베스비 짝퉁은 뭐래?

용준   (재진이 서 있던 테이블로 다가오며) 엔진 오일 고였고,

재진   (엔진을 살펴보기 시작하면)

용준   (재진의 아이스커피를 집어 들고 돌아서며) 시동 모터 나가리.

재진   (바퀴 쪽을 살펴보다) 패드도 호흡기 떼야겠구만.

용준   (커피 쭈욱~ 빨고) 되지?

재진   (시동 모터 쪽 살피며) 되지.

용준   (다 마신 커피 내려놓고 스쿠터로 다가와) 내일?

재진   (다 살피고 일어나 스쿠터를 사이에 두고 용준을 보며) 내일…? 어, 내일.

용준   아침?

재진   급해?

용준   급해. 완전 새것처럼, 오케?

재진   뭐래, 병신이. 그래 봤자 구닥다리 스쿠터지.

용준   오케! 나 간다.

재진   야!

용준   왜?

재진   뭔데?

용준   (말없이 웃기만 하면)

재진   (호기심 가득해지는) 뭐 있지? 뭐야? 어? 뭔데?

용준   없어.

재진   있잖아?

용준   없어. 있어도 없어.

재진   이 새끼가?

용준   간다~

용준이 가게 앞 중고 스쿠터에 올라타 붕~ 가 버리면,

다 마신 아이스커피를 발견하고 돌아보는 재진에서—

S# 16. 편의점 앞, 파라솔 / 낮

한적한 편의점 앞에 스쿠터를 세우고 앉아 있는 용준,

아이스크림 하나 물고, 톡톡톡, 카톡을 보내고 있다.

용준 카톡   *스쿠터 낼 아침이면 다 고친대요. 언제 어디서 만날까요?*

카톡을 보내고는, 흐뭇하게 스마트폰을 바라보는 용준,

읽지 않음 표시 1이 쉬이 사라지지 않는 가운데, 그때!

소리   카톡카톡~

보면, 거리를 지나던 사람들이 카톡을 확인하는 모습이 보이고,

'난 언제 오나~', 설레는 마음으로 스마트폰을 들여다보는 용준.

그때! 용준 뒤로 인철이 자전거를 타고 헉헉대며 다가오더니,

뒤통수를 팍! 후려치며, 용준에게 배달거리를 한가득 안겨 주면서—

S# 17. 수어 교육원 안, 강의실 / 낮

칠판에 영문이 가득 쓰여 있는 조용한 강의실 안.

국제 수어 강의를 듣고 있는 여름이 보이는데,

고급반인 듯, 능숙하게 강사와 국제 수어를 주고받고 있다.

곧 끝나는 강의. 바쁜 듯 여름이 부리나케 강의실을 나서고—

S# 18. 미정도시락 안 / 노을

주방에서 설거지를 하고 있는 용준,

눈앞 찬장에 세워 둔 스마트폰을 바라보고 있는데,

보면, 여름에게 보낸 카톡에 여전히 읽지 않음 1 표시가 보인다.

오매불망 여름의 답을 기다리는 용준의 얼굴에,

조금씩 '왜 안 읽지?' 하는 불안이 떠오르기 시작한다.

S# 19. 재진의 방 안 / 밤

INS. 한적한 곳에 위치한 주택가의 옥탑방이 있는 3층짜리 주택.

피곤한 모습으로 방으로 들어오는 재진, 인상을 찌푸리고 보면,

답답한 표정으로 재진의 침대에 누워 있는 용준이 보인다.

재진   (옷을 갈아입으며) 집 놔두고, 왜 여길 오고 지랄이야?

용준   집이 직장이 되니까, 퇴근을 해도 직장이네? 나도 좀 쉬자.

재진   지랄. 근데, 알바 계속하게?

용준   어. 생각도 좀 정리할 겸. 부모님한테 점수도 좀 딸 겸.

재진   그래. (침대에 같이 누우려다, 찜찜한 표정으로 의자에 앉고)

        바짝 열심히 해 놔야, 또 백수로 놀고먹어도, 욕 안 먹지.

        스쿠터 다 고쳤다. 갈 때 바꿔 가라.

용준   ……

재진   니 거는 그거 주인 빌려줬냐?

용준   ……

재진   (호기심 가득) 누군데?

용준   하아…

한숨을 내쉬며 침대에 파묻히는 용준의 모습에서—

S# 20. 체육 센터 앞 / 밤

건물 앞 계단에 앉아 있는 가을, 피곤한지 하품 한 번 하는데,

멀리서 다가오는 여름의 스쿠터가 보인다.

여름이 낯선 스쿠터를 타고 오자, 두 눈이 동그래지는 가을.

가을   이거 뭐야? 언니 배달 알바도 해?

여름   아냐. 내 거 고장 나서, 잠깐 빌렸어.

가을   (힐끗 보면, 〈미정도시락〉이라 쓰인 배달 통이 보여 슬쩍 웃고)

여름   오늘 힘들었지? 최고 기록 냈잖아.

가을   하나도 안 힘든데? 국제 수어는 어때? 난 무지 어렵던데…

여름   되게 헷갈려. 근데 금방 배울 수 있어. 너랑 올림픽 가야지.

가을   올림픽은 그냥 꿈이라니까. 선발전만 나가도 땡큐지.

여름 아냐! 넌 충분히 할 수 있어.

가을 (피식~ 웃으며) 그렇다 치자.

여름 정말이라니까?!

가을 알았다고! 가자, 배고파.

가을이 스쿠터 뒤에 앉아 여름의 헬멧을 톡톡 두드리면,

부릉~ 여름과 가을이 탄 용준의 베스파가 경쾌하게 출발하고,

시원한 바람에 여름과 가을의 얼굴에 미소가 떠오른다.

S# 21. 원룸 건물 외경 / 아침

아침 햇살 아래 짙푸른 가로수가 늘어선 거리,

낡았지만 깔끔하게 리모델링된 5층짜리 원룸 건물 전경이 보인다.

S# 22. 원룸 건물, 여름의 방 안 / 아침

5층에 위치한 여름과 가을이 함께 자취하는 방 안.

나란히 붙여 놓은 두 싱글 침대 위에 곤히 잠든 가을이 보이는 가운데,

트로피, 수영 관련 서적, 수영 용품들, 간단한 운동 기구 등,

여기저기 정리되어 있는 가을의 물건들이 보이고,

작은 책상 위에는 노트북과 국제 수어 책 등 여름의 물건들이 보인다.

그리고 곳곳에 인기척을 표시하기 위한 알림 등과 거울들이 있다.

알림 등은 현관에서 초인종 역할을 하고, 욕실 안에서 호출 역할을 하며,

책상과 침대 주변에 붙은 거울들은 시야의 반대편을 비추고 있다.

그때, 알림 등이 켜지며, 샤워를 마친 여름이 욕실에서 나온다.

잠든 가을의 엉덩이를 두들겨 깨워 욕실로 들여보내는 여름,

현관문을 열어 새벽에 배송된 식재료를 챙겨 냉장고에 넣고는

바쁘게 집안을 돌아다니며 하루를 보낼 준비를 하기 시작한다.

이불을 정리하고, 빨래 건조대에서 가을의 운동복과 수영복을 걷고,

가을이 입고 갈 옷은 침대에 개켜 놓고, 가져갈 옷은 가방에 챙겨 둔다.

이어 가을과 함께 먹을 아침 식사를 준비하는 여름,

한참 바쁘게 움직이다 책상에 앉아 한숨 돌리며, 문득! 카톡을 확인하면,

용준 카톡   *스쿠터 낼 아침이면 다 고친대요. 언제 어디서 만날까요?*

많이 바빠요?

연락 좀 줘요.

저기요?

여기요??

야!! 너 먹튀지?!!

잠시 미안해하다가, 풋! 웃음이 터지고 마는 여름에서―

S# 23. 재진의 방 안 / 아침

궁색하게 바닥에 웅크리고 누워 잠든 재진이 보이는 가운데,

침대에는 반듯하게 누워 잠든 용준이 보인다.

카톡 소리   까톡~

용준   (기다렸다는 듯 깨어, 머리맡 스마트폰을 집어 카톡을 확인하면)

여름 카톡   *미안해요. 어제 계속 바빴어서…*

용준   (그제야 환한 미소가 떠오르고)

재진   (비몽사몽 일어나며) …뭐야…? (바라보면)

용준   … (슬쩍, 등 돌리고 누워 톡톡, 여름과 카톡을 시작한다)

재진   (등 너머를 기웃대며) 뭔데? …스쿠터 주인이야? …!!! (천천히 굳어지고)

           여자? (망연자실, 나라 잃은 표정) …여자구나…… (설마 싫어) 이쁘냐?

           (부러워 죽겠는) …이쁘구나. 얼마나 이뻐? … (온 세상 무너지는 듯)

           졸라 이쁘구나………… (애처롭게) 나는…?

용준   …… (실실 웃고 있는데)

여름 카톡   *이따 10시 어때요?*

용준 카톡   (*'오케이'라는 이모티콘*) (벌떡, 일어나) 나 간다.

재진   ······

재진을 홀로 두고 휭~ 나가 버리는 용준에서—

S# 24. 원룸 건물, 여름의 방 안 / 아침

식탁에 차려진 아침 밥상 앞에서 용준과 카톡 중인 여름.

톡톡 찍어 보내고는, 피식~ 웃음을 짓는데,

알림 등이 켜지며, 샤워를 마치고 나오는 가을이 보인다.

가을   (실실 웃는 여름의 모습에) 뭐 좋은 일 있어?

여름   (스마트폰을 뒤집어 놓고는) 아냐. 밥 먹자.

가을이 식탁 앞에 앉으면, 일어나 밥을 수북이 담아 주고 앉는 여름에서—

S# 25. JJ 바이크 숍 앞 / 오전

눈부신 햇살 아래, 수리된 여름의 스쿠터를 세차하고 있는 용준.

세제 거품으로 구석구석 꼼꼼히 닦고, 분사기로 물을 흠뻑 뿌려 씻어 내면,

깨끗해진 여름의 스쿠터가 반짝반짝 빛이 나기 시작한다.

그 모습에 용준의 얼굴에 환한 웃음이 피어나면서—

S# 26. 체육 센터 앞 / 오전

용준의 베스파로 가을을 수영장으로 데려다주는 여름.

헬멧을 벗은 가을이 손을 흔들며 안으로 들어가면,

여름이 스쿠터를 돌려 체육 센터 밖으로 나간다.

S# 27. 거리, 벤치 인근 / 오전

여름의 스쿠터를 타고 한적한 거리를 달려가는 용준,

맑은 하늘과 짙푸른 가로수, 시원한 바람이 용준을 스쳐 가고,

문득, 뭔가를 발견하고 천천히 멈춰 서는 용준, 보면!

멀리~ 먼저 와 스쿠터에 앉아 용준을 기다리고 있는 여름이 보인다.

용준   ………

여름의 모습을 잠시 넋 놓고 바라보는 용준에서—

S# 28. 거리, 벤치 / 오전

벤치 근처에 세워 놓은 용준의 스쿠터에 앉아 있는 여름,

문득! 보면, 저만치서 여름의 스쿠터를 타고 손을 흔드는 용준이 보인다.

용준   (잘 고쳤다는 듯, 주변을 한 바퀴 빙~ 돌며 씨익! 웃으면)

여름   (풋~ 절로 웃음이 터지며, 스쿠터에서 일어나 서고)

천천히 다가온 용준이 스쿠터를 세우고 여름 앞에 선다.

반짝반짝 깨끗해진 스쿠터를 보고 여름의 얼굴에 고마움이 떠오른다.

여름   (스쿠터에서 내려 마주 서며) 고마워요. 저기 수리비는… (하면)

용준   괜찮아요. 간단한 수리여서.

여름   그래도… (지갑을 꺼내려는데)

용준   (빠른 손짓으로 여름을 부르고, 보면) 난 스물여섯 살. 넌?

여름   ??? (뜬금없어 어리둥절하다가) …스물여섯 살인데……

용준   친구네. 수리비 대신 친구 하자. 우리.

갑작스러운 용준의 대시에 당황한 듯, 부담스러운 듯, 가만히 있는 여름.

그런 여름을 바라보며 용준이 넉살 좋게 웃는다.

49

용준   어차피 수어 존댓말 없잖아. 처음부터 친구였는데 뭐. 오케?

용준의 귀여운 억지에, 결국 고개를 끄덕이며 웃는 여름.

용준   (신기한 듯, 여름의 얼굴이름 수어로 해 보이며) 진짜 이름이랑 똑같네.

        (하면)

여름   ?!? ('어떻게?' 하고 놀란 표정 지으면)

용준   (재빨리) 나 이상한 사람 아냐. 미안… 사실은 어제…

        (수영하는 가을 흉내를 내고는) 너랑 친구 하고 싶어서 동생에게 물어

        봤어.

        (미안한 듯, 뻘쭘한 듯 웃으며 다시) 미안…

여름   ('아~' 그제야 표정을 풀고 웃는다)

용준   …… (멍하니 바라보다) 맨날 그렇게 웃어서, 그 이름이구나.

여름   (민망한 듯 웃으며) 참, 이름도 안 물어봤네…

용준   아, 난 용준. 내 얼굴이름은… (잠시 생각하다가, 손가락을 눈 옆에 대고

        카메라 셔터 누르는 포즈로 찰칵~) 이거!

여름   무슨 뜻이야?

용준   내 얼굴 찍어서 저장하라는 뜻?

하고, 용준이 배시시~ 웃으면, 여름이 또 웃는다.

용준   그럼 친구한 기념으로 밥… (하다, 시간 보면 이른 시간) …은 말고,

        시원하고 달달한 거, 콜?

여름   (시간 잠깐 확인하고, 웃으며) 응. 내가 살게.

INS. 한여름, 한낮의 평화로운 거리와 사람들.

벤치 옆에 나란히 세워진 베스파와 낡은 스쿠터,

용준과 여름도 벤치에 나란히 앉아 아이스 음료를 마신다.

아직 어색한지, 그저 열심히 음료만 마시고 있는 여름,

여름   ? (시선이 느껴져 돌아보면)

안 보고 있었던 척, 벌컥벌컥~ 음료를 흡입하고 있는 용준이 보인다.

용준이 쳐다보고, 여름이 돌아보고, 아닌 척 용준이 시선을 피하길 몇 번.

힐끔힐끔 눈치 보던 용준이 다시 몰래 여름을 바라보면,

용준   !! …

여름   ?? (아까부터 뚫어져라 용준을 바라보고 있는)

용준   … (찔끔, 딴청 피우면)

여름   (피식~ 웃고)

용준   (민망한 듯 웃는다)

여름   (시간을 확인하고는) 미안. 나 먼저 가야겠어. (빈 컵을 들고 일어나면)

용준   줘. 내가 버려 줄게.

여름   고마워. (빈 컵을 건네주고 스쿠터로 다가가면)

용준   (배웅하듯 따라가서는) 많이 바쁜가 봐?

여름   응, 학원이랑 알바. (헬멧 쓰고) 고마웠어. 또 봐~ (부릉~ 출발하면)

멀어져 가는 여름의 뒷모습을 아쉬운 듯 바라보던 용준, 문득!

용준   또 봐? 또 보자고????

S# 29. 미정도시락 안 / 낮

음식을 만들던 미정과 인철, '왜 또 저런대?' 하는 듯 보면,

도시락을 포장하며, 실실~ 웃고 있는 용준이 보인다.

인철   …??? (말없이 미쳤다는 듯, 손가락을 빙빙 돌리면)

'그걸 말이라고!!' 짝! 미정이 인철의 등짝에 스매싱을 날린다.

배달을 나서는 용준을 가만히 바라보던 미정,

미정   쟤 혹시… 연애하나?

인철   아~ (하다가) 누구랑?

미정   낸들 알아?

인철   여자겠지?

미정   …… 왜들 이럴까 몰라.

절레절레, 고개를 흔드는 미정에서—

S# 30. 빌라촌, 골목 / 낮
_____

배달 도시락을 들고 한 빌라로 들어가는 용준,

곧 배달을 마친 용준이 스마트폰을 보면서 나온다.

잠시 스쿠터에 앉아 톡톡톡, 카톡을 써 보는데,

용준 카톡 *뭐 해? 바빠?* (잠시 바라보다, 다시 지우고) *내일 시간 돼?*

　　　　(썼다가 다시 지우고는)

뭐라고 보내 볼까, 설레는 얼굴로 한참을 고심하는 용준에서—

S# 31. 편의점 안 / 노을

편의점 유리창 너머, 취식대 앞에 앉아 있는 여름이 보인다.

흰 우유와 샌드위치로 간단히 식사를 하고 있는데,

문득! 스마트폰을 꺼내 보면, 용준이 수어 이름을 짓는 셀카를 보내왔다.

그 장난스러운 사진 속 용준 얼굴에 또 웃는 여름에서—

S# 32. 용준의 방 안 / 밤

책상에 다리를 올리고, 의자에 파묻혀 있는 용준.

여름의 연락을 기다리는지, 스마트폰만 하염없이 바라보고 있다.

그때! 용준의 바람이 통했는지, 때마침 여름의 카톡이 온다.

여름 카톡   *혹시, 아침 배달도 돼? 수영장 사정으로 낼 아침 일찍 훈련하거든.*

            끝나고 선수들 아침 먹어야 돼서. 한 9시쯤 배달되면 좋겠는데…

용준 카톡   (곧바로, 톡톡톡톡~) *돼!* (보내고, 바로 톡톡!) *당연히!*

하고는, 용준이 몸과 고개를 뒤로 젖히며—

용준   엄마! 낼 아침 배달 되지???

S# 33. 미정도시락 안 / 새벽

미정과 인철이 피곤한 모습으로 배달 도시락 포장을 마치면,

기다리던 용준이 도시락들을 싣고 가게를 나선다.

인철   우리 이제 아침 장사도 해?

미정   필요하면 해야지.

인철   아~ 피곤한데… (구시렁)

미정   (궁금한 표정으로) 수영장에서 일하는 앤가?

인철   누가?

한숨과 함께, 고개를 절레절레 흔들며 돌아서는 미정에서—

S# 34. 체육 센터 앞, 휴게 공간 / 오전

체육 센터 건물 옆, 푸른 나무들 사이의 휴게 공간.

삼삼오오 모여 앉은 가을과 농인 선수들이 보이는 가운데,

용준과 여름이 도시락을 하나하나 나눠 주고 있다.

곧 가을과 인사를 나눈 여름과 용준이 발걸음을 옮기고—

S# 35. 체육 센터 앞 / 오전

저만치에 세워 둔 스쿠터로 향하는 용준과 여름.

용준   학원 가?

여름   아니, 오늘은 알바.

용준   바쁘구나.

여름   응.

용준   밥은?

여름   밥?

용준   어. 너는 밥 안 먹어? 아침 안 먹었을 거 아냐.

여름   시간이 애매해서. 이따 먹지 뭐.

용준   이따가 언제? 좀 있음 점심인데…

여름   알바 끝나고, 간단히 먹음 돼.

용준   샌드위치 같은 거?

여름   응.

용준   (잠시 망설이다) 저녁에는 뭐 해? 시간 돼?

여름   (스쿠터로 다가와 헬멧을 쓰고는) 가을이 데리러 가야지.

용준   니 시간은 아예 없네…?

여름   (웃으며 스쿠터에 올라타) 그게 내 시간인데? 늦었다. 먼저 갈게~

부릉~ 달려가는 여름의 뒷모습을 바라보던 용준.

용준   ·············· (퍼뜩!) 밥?!

S# 36. 미정도시락 안 / 낮

바이크를 타고 가던 재진, 갑자기 끽 하고 세우더니,

발을 굴러 후진해서 도시락집 안을 보면,

주방 앞에 모여 있는 미정과 인철의 뒷모습이 보인다.

재진   (들어와 기웃대며, 호기심 가득) 왜요? 뭔 일 있어요?

인철   아니, 쟤가 갑자기 저 지랄을 한다니까. 저 지랄을…

보면, 용준이 만든 요리들이 한가득 놓여 있는 가운데,

정성껏 도시락에 담고 있는 용준이 보인다.

손을 뻗어 슬쩍, 용준의 음식을 집어 먹어 보는 재진,

재진   ?!!? (순간, 얼음!)

인철   왜?

재진   맛있는데요?

그 말에 미정과 인철도 하나씩 집어 먹어 보는데,

용준   다들 스톱!!! 이게 어떤 요린데!!

모두를 주방 밖으로 내쫓는 용준. 서둘러 도시락을 완성하고는,

톡톡, 카톡을 보내더니 도시락을 들고 스쿠터에 올라 부웅~ 가 버린다.

재진   취업보다 이게 빠르겠는데요?

인철   그치? 여보, 걍 재 여기 눌러앉히자.

미정   시끄러!

용준의 음식들을 바라보며, 생각이 많아지는 미정에서―

S# 37. 거리, 벤치 / 낮

용준과 마주 앉은 여름 앞에 펼쳐지는 푸짐한 도시락.

여름   뭐가 이렇게 많아?

용준   니가 뭘 좋아하는지 난 모르니까… 그냥 이것저것.

여름   와~ 다 내가 좋아하는 건데?

용준   (환히 웃고) 다행이다. 시간 없지? 빨리 먹어 봐.

여름이 다시 보면, 간단히 먹기 편하게 만들어진 음식들.
용준의 정성이 느껴져, 여름의 얼굴에 고마움이 떠오른다.

여름   (음식을 하나 집어 먹어 보면)

용준   어때? 맛있어?

여름   어. 맛있어.

용준   (흐뭇하게 웃으면)

여름   같이 먹어.

용준   난 가게 가서 먹음 돼.

여름   알겠어. 잘 먹을게.

그제야 도시락을 먹기 시작하는 여름, 금세 싹싹 다 비우면,

용준   (차를 한 잔 내밀며) 매실차. 소화 잘 된대.

여름   (후르륵, 마시면)

용준   (시간 보고) 너 시간 됐지? 얼른 가 봐.

여름   (주섬주섬 일어나며) 얼마야?

용준   괜찮아. 안 줘도 돼.

여름   파는 건데, 그냥 주는 게 어딨어. (만 원 꺼내 건네며) 이거면 될까?

용준   (마지못해 받아 들면)

여름   고마워. 진짜 잘 먹었어. 간다~ (스쿠터에 올라 붕~)

멀어지는 여름의 뒷모습을 섭섭한 표정으로 바라보는 용준.

용준   …파는 거 아닌데…

S# 38. 미정도시락 안 / 밤

뻐근한 한쪽 어깨를 주무르며 안으로 들어오는 용준,

테이블에 앉아 용준을 기다리던 미정이 보인다.

미정   너 갑자기 요리는 왜 해?

용준   그냥.

미정   취업 안 하고, 눌러앉게?

용준   아닌데? (하다가) 아니지. 나쁘지 않은데…? (하면)

미정   안 돼. 너 딱 3개월만 하고 취업하기로 했잖아.

용준   그랬지. 근데, 엄빠 힘드니까… (하는데)

미정   안 힘들어. 그니까, 넌 주방 얼씬도 하지 마.

하는데, 용준의 스마트폰에서 들리는 카톡 소리.

용준이 실실 웃으며 누군가와 카톡을 시작하면,

미정   누구야?

용준   있어. (일어나 나가며) 나 퇴근.

미정   (용준의 뒷모습을 바라보다) 여자 맞네.

인철   (주방에서 나오며) 여자?

미정   어, 여자.

인철   누가?

미정   용준이.

인철   ?? ('어~' 하다가) 용준이 남잔데?

미정   용준이 여자 만난다고. 연애한다고, 연애!

인철   아~ 누구랑?

미정   여자랑.

인철   그러니까, 여자 누구랑?

미정   (속 터지는) 그걸 모르니까, 이러는 거 아냐!!

인철   아~

미정   (한숨 길게 푹~~) 똑같애. 아주 그냥 똑같애.

인철   뭐가?

미정   속 터지게 하는 거!

인철   누가?

미정   (폭발해. 귀때기 잡아당기며) 너! 너너너! 너 나한테 자꾸 왜 그러는데?

티격태격, 알콩달콩, 정신없는 미정과 인철에서―

S# 39. 거리, 카페 앞 / 낮

카페에서 배달을 마치고 나오는 용준,

보면, 손에 들린 캐리어에 아이스커피 두 잔이 담겨 있다.

시간을 확인하고, 스쿠터에 올라 부웅~ 어디론가 달려가는 용준에서―

S# 40. 거리, 벤치 / 낮

나른한 햇살에 피곤한지 꾸벅꾸벅 졸고 있는 여름이 보인다.

곧, 도시락을 들고 조용히 나타나는 용준, 살포시 여름 옆에 앉는다.

아슬아슬, 꾸벅이는 여름의 고개. 용준이 조심스레 천천히 팔을 뻗어,

반대편에서 여름의 머리를 톡~ 밀면, 툭… 용준의 어깨에 기대어진다.

그렇게 잠시 벤치에 앉아 쉬는 용준과 여름의 뒷모습이 보인다.

INS. 화면 가득 보이는, 깨끗하게 비운 도시락과 아이스커피 두 잔.

보면, 용준에게 도시락 값 만 원을 건네는 여름이 보인다.

각자의 스쿠터에 올라 손을 흔들어 인사하고 헤어지는 두 사람에서—

S# 41. 원룸 건물, 여름의 방 안 / 밤

곤히 잠든 가을, 여름은 홀로 책상에 앉아 있다.

가계부를 펼쳐 놓고 계산기를 두드리고 있는 여름,

월세, 공과금, 훈련 비용 등 빠듯해 보인다. 고민하다 달력을 보면,

가을의 훈련 스케줄과 그 사이사이 여름의 알바 일정으로 빼곡하다.

그래도 군데군데 비어 있는 시간대를 잠시 바라보는 여름에서—

S# 42. 수어 교육원 안, 복도 / 낮

국제 수어 강의를 마치고 나오는 여름. 복도를 지나가다, '엇!' 하고

되돌아가 게시판을 보면, 농인 관련 알바를 구한다는 공고가 보인다.

환해지는 여름의 표정, 꼼꼼히 메모하고 돌아서다

되돌아와 아예 공고를 슬쩍 떼어 가는 여름에서—

S# 43. 체육 센터 앞 / 낮

주차된 여름의 스쿠터 너머, 안으로 들어가는 여름의 뒷모습이 보인다.

S# 44. 체육 센터 안, 수영장 / 낮

고요한 수영장을 울리는 카랑카랑한 목소리가 들리며,

중년 학부모 너도 못 들어? 너도? 말도 못 하고?

보면, 중학생쯤의 남학생들이 수영복 차림으로 한쪽에 모여 있는 가운데,
농인 선수들 앞에 몰려 있는 40대 학부모들 네다섯 명이 보이고,
드세 보이는 한 중년 학부모가 농인 선수들에게 삿대질을 하고 있다.

중년 학부모 (농인 선수들을 가리키며) 너도야? 너도? 참 나. 말하는 애 하나도
          없어?

중년 학부모의 입 모양을 보고, 움츠러드는 농인 학생 선수들.

가을   보지 마. 저쪽으로 가 있어.

보다 못한 가을이 학생 선수들을 한쪽으로 보내고 돌아오면,

어느새 수영장으로 들어와 굳은 얼굴로 서 있는 여름이 보인다.

여름   ······ (흔들리는 눈빛으로 보면)

가을   ······ (무심한 눈빛으로 마주하고)

중년 학부모 아니, 지금 우리 애 보고 쟤들이랑 같은 수영장을 쓰라는 게

             말이 돼?

막말에 참다못한 가을이 차가운 얼굴로 나서려 하면,

뒤늦게 달려온 감독이 가을을 제지하며, 중년 학부모 앞에 선다.

수영 감독   (화를 억누르며) 뭔 일입니까?

중년 학부모 당신이 감독이야?

수영 감독   예. 무슨 일인데요?

중년 학부모 쟤네들 빼요. 우리 애 연습하게.

수영 감독   못 합니다. 우리 정식으로 스케줄 받고 하는 겁니다.

중년 학부모 우리도 스케줄 받았어!

중년 학부모와 수영 감독의 실랑이가 이어지는 가운데,

불안한 표정의 여름이 조용히 가을 옆으로 다가간다.

여름   (걱정스레) 너도 돌아서 있어.

가을   괜찮아.

(수영 감독) 저쪽 레인에서 하라고 받으신 거 아닙니까?

(중년 학부모) 같은 물이잖아. 쟤들이랑 어떻게 같이 해? 할 만큼 했으면, 애들

      빨리 빼.

더없이 무심한 눈으로 중년 학부모를 노려보고 있는 가을,

그런 가을을 바라보는 여름의 눈빛이 흔들리고 있다.

수영 감독 (치밀어 오르는 화를 억지로 누르며) 왜 못 합니까?

중년 학부모 장애인이잖아? 멀쩡한 우리 애랑 어떻게 같이 해? 병 걸리면 어떡

     할라고.

수영 감독 (버럭!) 병이 왜 걸립니까? 피부병 없고, 건강해요.

중년 학부모 내가 불편해.

수영 감독 (어이없어 할 말을 잃고) ⋯⋯

중년 학부모 (태연하고 뻔뻔한) 병 걸리면, 당신이 책임질 거야?

수영 감독 ⋯⋯ (기가 차서 잠시 말이 없다가) 예. 제가 다 책임집니다.

중년 학부모 책임지긴 개뿔. 이따 다시 올 거니까, 끝나고 청소해 놔요. 락스로.

수영 감독 (황당한) 뭐요?

중년 학부모 락스로 청소 싹 다 해 놓으라고. 물도 다시 소독해 놓고.

수영 감독 ⋯⋯ (너무도 기가 막혀 말을 잇지 못하고)

아이들을 데리고 수영장 밖으로 나가는 중년 학부모들.

굳은 얼굴로 입구에 서 있는 용준을 스쳐 가면서—

S# 45. 체육 센터 앞, 주차장 / 낮

주차장으로 나와 주위를 두리번거리는 용준.

보면, 아이와 함께 주차된 벤츠에 타는 중년 학부모가 보인다.

용준   (어처구니없다는 표정) 참. 가지가지 하시네.

보면, 장애인 구역에 주차된 중년 학부모의 벤츠.

용준이 빠르게 다가가 창문을 똑똑! 두드린다.

용준   저기 아줌마!

중년 학부모 (지잉~ 창문 열고) 왜? 뭔데?

용준   아줌마, 농인들 입 모양도 읽고, 표정도 읽어요.

중년 학부모 (뜬금없는 소리에) 뭐래?

용준   우리는 듣고, 농인은 보고. 못 듣는 사람이 아니라, 우리보다

            잘 보는 사람!

중년 학부모 그래서?

용준	아줌마 막말 다 봤다구요!
중년 학부모	(두 눈 치켜뜨며) 봤으면 뭐, 어쩔 건데?!! 내가 틀린 말 했어?
	아님, 욕을 했어, 뭘 했어?
용준	…… (대뜸 '뻐큐!' 하듯 가운뎃손가락을 세우고)
중년 학부모	?!!! (순간 멍해졌다가 부들부들 떨며) 너… 너 지금… (하는데)
용준	(차분하게) 아줌마 이게, 수어로 '산'이란 뜻이에요.
중년 학부모	(어처구니없는) …뭐? 그런데?
용준	뭐. 그냥. 등산복 패션이시길래, 산 좋아하시나 싶어서.
중년 학부모	(정신이 돌아오며, 부들부들) 이게 진짜?! (안전벨트 풀면)
용준	(스마트폰으로 벤츠를 요리조리 찍는데)
중년 학부모	야! 너 뭐 하는 거야, 지금? 왜 찍어? 어?
	(화난 얼굴로 안전벨트 풀고 내리려 하며) 사진을 왜 찍어!!
용준	장애인 주차 구역 벌금 10만 원. 빨리 안 빼시면…
	(스마트폰의 신고 어플 보여 주며) 신고합니다?
중년 학부모	?!!! (차에서 내리려다, 멈칫! 하면)
용준	안 빼요? 신고합니다?
중년 학부모	너 아주 신고하기만 해 봐!

결국 다시 벨트 매고 차를 빼는 중년 학부모.

벤츠가 체육 센터를 빠져나가면, 용준이 조용히 신고 버튼을 누른다.

S# 46. 체육 센터 안, 수영장 / 낮

한바탕 소란이 지나가고 난 수영장 안.

천천히 물살을 가르고 있는 가을을 멍하니 바라보는 여름이 보인다.

털썩~ 옆에 앉는 인기척에 보면, 용준의 얼굴이 보인다.

여름   봤구나?

용준   (쓸쓸한 표정으로 고개를 끄덕이고는) 동생은 괜찮아?

여름   응.

용준   (다행이다 싶은 얼굴이다가) 너는?

여름   괜찮아. 가끔 있는 일인데 뭐. (쓴웃음) 근데 역시, 적응은 안 되네.

용준   …………

여름   (싱긋, 웃으며) 세상 참 단단하다, 그치? 소리 하나만 없을 뿐인데.

          완전 다른 세상이야. 들어갈 수도 없고, 나갈 수도 없고…

용준   …………

여름   아마 영원히 못 하겠지?

언제나처럼, 얼굴이름 그대로 웃는 여름. 하지만 쓸쓸함이 가득하다.

S# 47. 거리, 벤치 / 낮

스쿠터를 세워 놓고, 벤치에 홀로 앉아 있는 용준.

흘러가는 세상을 그저 멍하니 바라보고 있다.

눈에 보이는 세상은 온갖 소리와 함께 활기가 넘치지만,

그런 세상을 바라보는 용준의 눈빛에 답답함이 가득하다.

S# 48. 체육 센터 앞 / 오후

훈련을 마치고 나오는 농인 수영 선수들이 보인다.

저마다 가족들과, 친구들과 삼삼오오 흩어져 가면,

기다리던 여름의 스쿠터에 올라타는 가을이 보인다.

가을이 헬멧을 쓰고 여름의 어깨를 툭툭 두드리자 여름이 스쿠터를 돌리는데,

끼익! 어느새 나타난 용준의 스쿠터가 앞을 가로막고 선다.

놀란 두 사람이 보면, 씨익~ 웃는 용준이 보인다.

용준   우리 놀러 가자!

여름, 가을   …??

어리둥절해하는 여름과 가을의 모습에서—

S# 49. 시내, 버스 안 / 오후

사람들과 함께 버스에 올라타는 용준과 여름, 그리고 가을.

마침 뒤쪽 좌석 양쪽에 하나씩 빈자리가 보여

용준이 여름과 가을을 각각 앉히고, 통로에 손잡이를 잡고 선다.

용준이 이쪽 보고 여름의 얼굴이름 지으면, 여름이 피식~ 웃고,

저쪽 보고 가을 얼굴이름 지으면, 가을도 풋! 웃는다.

cut to—

사람들이 타고 내리며, 북적이기 시작하는 버스.

여름과 가을 앞에 사람들이 서며, 서로는 보이지 않고,

사람들과 함께 통로에 서 있는 용준만이 보인다.

가을	(용준 보고) 언니 알바 안 가도 되냐고 좀… (하면)
용준	(여름 보고) 알바 안 가도 되냐는데? (하면)
여름	(용준 보고) 괜찮아. 하루 쉬지 뭐. 가을이 안 피곤하냐고 좀… (하면)
용준	(가을 보고) 괜찮대. 피곤하지 않냐는데?

중간에서 사람들을 피해, 야구 사인하듯 수어로 대화를 이어 주는 용준.

사람들이 '뭐 하는 거지?' 싶어 힐끔대지만, 곧 무관심해진다.

가을	(웃으며) 노는 건 하나도 안 피곤해요.
용준	(여름 보고) 노는 건 하나도 안 피곤하대. (하면)

동시에 소리 없이 웃는 용준과 여름 그리고 가을.

때마침 버스가 한강 다리를 건너기 시작하면 창밖에 노을이 펼쳐지고,

용준과 여름, 그리고 가을이 노을 지는 한강을 바라본다.

S# 50. 번화가, 골목 / 밤

노점이 늘어선 좁은 골목, 북적이는 사람들 사이,

이것저것 구경하고 있는 용준, 여름 그리고 가을이 보인다.

액세서리 가게 앞에서 머리핀들을 구경하는 여름과 가을.

이것저것 꽂아 보다 문득! 용준을 돌아보고,

여름이 용준에게 머리핀을 꽂아 주면, 나름 귀엽다.

cut to—

옷도 구경하고, 인형 뽑기도 하고, 노점 음식도 먹어 보는 세 사람.

세 사람의 즐거운 모습들이 잠시 이어지고—

S# 51. 클럽 앞 / 밤

젊은 사람들로 북적이는 클럽 앞, 어색하게 선 여름과 가을이 보인다.

낯선 듯 두리번거리는 사이, 용준이 다가와 팔목에 출입증을 묶어 준다.

머뭇대는 여름과 가을을 끌고 클럽 안으로 들어가는 용준에서─

S# 52. 클럽 안 / 밤

여름과 가을을 데리고 안으로 들어오는 용준, 보면,

어깨가 맞닿을 듯, 리듬을 타고 있는 많은 사람들이 보이는데,

시끄럽고 정신없는 음악이 오히려 목소리를 필요 없게 만들어

모두가 귓속말을 하거나 손짓으로 이야기하며 즐기고 있다.

처음 와 보는 듯, 얼떨떨해서 신기하다는 표정을 짓고 선 여름과 가을,

사람들을 헤쳐 가며 손짓하는 용준을 따라 안으로 들어가면,

용준이 바텐더에게 손가락 세 개를 흔들고,

곧 세 사람 앞에 척척척, 잔술 세 잔이 놓인다.

용준   (잔 하나를 들어 단숨에 들이마시고, '크~' 일단 마시라는 손짓 하면)

여름   … (망설이고 있으면)

가을   (술잔을 들어 원샷, '크~' 하곤 즐거운 표정을 짓고)

여름   (용준과 가을이 쳐다보면 호기롭게 원샷하지만, '켁…')

그 모습에 용준과 가을이 웃고, 여름도 웃는다.

기분 좋게 올라오는 약한 취기, 여름과 가을이 시끄러운 음악 속에서

춤을 추는 사람들을 잠시 둘러본다.

여름   (용준과 눈을 맞추고) 여기는 왜?

용준   우리도 놀자.

여름, 가을   ????

어리둥절해하는 여름과 가을. 용준이 다시 둘을 안쪽으로 데려가는데

순간! 클럽 안을 채우던 시끄러운 음악 소리가 모두 사라지면서,

용준을 따라가는 여름과 가을의 시점으로 클럽 안이 보인다.

DJ의 열정적인 모습과 음악에 심취한 많은 사람들.

여름과 가을이 용준의 뒷모습을 따라가 보면,

곧, 클럽 구석에 설치된 대형 스피커 앞에서 돌아보는 용준이 보인다.

용준이 여름과 가을의 손을 대형 스피커에 대어 주면,

여름, 가을   ……

쿵쿵… 쿵쿵… 쿵… 묵직한 비트가 느껴지며,

사라졌던 음악 소리가 들려오기 시작한다.

그리고 자신도 스피커에 손을 대는 용준,

용준   (씨익~ 웃으며 보면)

가을   (씨익~ 웃고 보고)

여름   (둘의 시선에 못 말리겠다는 듯, 피식~ 웃는다)

스피커에 손을 댄 채 춤을 추기 시작하는 용준,

그러자 가을도 몸을 흔들기 시작하고,

여름도 비트 울림에 맞춰 춤을 추기 시작한다.

하나의 음악에 맞춰 춤추는 사람들 속, 세 사람의 모습에서—

S# 53. 골목, 원룸 건물 앞 / 밤

한적해진 골목을 걷고 있는 용준과 여름, 그리고 가을.

문득, 천천히 걷고 있던 가을이 용준과 여름 앞에 서면,

용준, 여름   ?? (발걸음을 멈춰 서고)

가을   오늘 기분 꿀꿀했는데, 재밌게 해 주셔서 고맙습니다. (꾸벅 하면)

용준   (뿌듯한 웃음 짓고)

가을   (여름에게) 피곤해서, 먼저 들어갈게. 언니는 천천히 와.

하고는, 저만치 앞에 보이는 원룸 건물로 먼저 달려가는 가을.

그 모습을 바라보며 웃던 용준과 여름, 산책하듯 걷기 시작한다.

그렇게 천천히 나란히 걷고 있는 용준과 여름.

미소 띤 얼굴로 천천히 걷고 있는 용준의 옆모습을 여름이 바라본다.

여름   ……

여름의 얼굴에도 미소가 떠오르고, 문득! 돌아보면,

뒤쪽에서 천천히 다가오는 승용차가 보인다.

용준의 눈앞에 손을 살랑이는 여름, 용준이 바라보면,

여름이 용준의 소매를 살짝 잡아 길가로 끌어당긴다.

비켜선 용준과 여름 옆으로 천천히 지나쳐 가는 승용차.

용준   ('아…' 하고 바라보면)

여름   (그저 웃는다)

그렇게 서로의 어깨가 스치듯 닿으며 발걸음을 옮기는 두 사람에서—

S# 54. 원룸 건물, 여름의 방 안 / 밤

가을은 씻고 있는지 욕실 알림 등이 켜져 있는 가운데,

책상 앞에 앉는 여름이 보인다.

뭔가 생각났다는 듯, 용준에게 톡톡, 카톡을 보낸다.

여름 카톡   *맞다! 아까 얼마 썼어?*

용준 카톡   *괜찮아. 내가 해 주고 싶어서 한 거야.*

여름 카톡   *같이 놀았으니, 같이 내야지. 얼마야?*

용준 카톡   *진짜 괜찮아.*

여름 카톡   *자꾸 그러지 마. 나 불편해.*

여름이 카톡을 보내면, 잠시 용준의 답이 오지 않다가,

용준 카톡   *미안. 그럼 3만 원만 줘.*

그제야 웃으며 톡톡, 카톡을 보내는 여름에서—

S# 55. 용준의 방 안 / 밤

열린 창문 너머로 한적한 밤거리가 보이는 가운데,

책상 앞에 앉아 여름과 카톡 중인 용준이 보인다.

카톡으로 5만 원을 보내오는 여름.

여름 카톡   *동생이 너무 고맙다고, 5만 원 보내래.*

잠시 바라보던 용준이 톡톡~ 답을 보낸다.

용준 카톡   *고마워. 다음에 또 놀자.*

S# 56. 원룸 건물, 여름의 방 안 / 밤

웃으며 톡톡, 카톡을 보내고 있는 여름.

여름 카톡   *응. 나도 고마웠어.*

그때, 어느새 욕실에서 나왔는지 불쑥 나타나 옆에 앉는 가을. 보면,

가을	(짓궂은 얼굴로) 내가 언제 5만 원이래?
여름	(민망한 얼굴로) 그냥…
가을	근데 뭘 그렇게 돈을 따박따박 보내? 다음에 언니가 사면 되지.
여름	내가 불편해서 그래.
가을	(그런 여름을 가만히 바라보다가) 맥주 한잔할래?

INS. 달빛 아래, 원룸 건물 외경. 불 켜진 여름의 방이 보인다.

식탁에 앉아, 캔맥주를 마시고 있는 여름과 가을.

가을	(호기심 가득한 얼굴로) 그 오빠 사귀는 거야?
여름	사귀는 거 아냐. 그냥 친구야.
가을	그 오빠는 아닌 거 같은데?
여름	아니라니까.

그런 여름을 바라보는 가을의 얼굴에 떠오르는 답답함.

가을이 뭐라 손짓하려는데, 여름의 손에서 진동하는 스마트폰.

가을은 타이밍을 놓치고, 여름은 용준의 카톡을 확인한다.

보면, 용준이 보내온, 클럽에서 찍은 세 사람의 사진들.

즐거워하는 여름의 모습에, 지켜보던 가을도 소리 없이 웃는다.

대뜸, 벌컥벌컥~ 맥주를 모두 비운 가을이 일어나면,

여름　　왜?

가을　　자게. 졸려 죽겠어.

침대로 다이빙하는 가을을 보던 여름, 다시 사진들을 바라본다.

천천히 희미해지는 여름의 미소. 그리고 잠시의 망설임,

여름이 톡…톡…톡… 용준에게 카톡을 보낸다.

S# 57. 용준의 방 안 / 밤

클럽에서 찍은 사진을 바라보고 있는 용준,

절로 미소가 지어지는데, 다시 여름의 카톡이 온다.

여름 카톡　　*넌 무슨 소리가 가장 듣고 싶어…?*

용준의 눈에 박혀 드는 '소리'라는 단어. 용준의 미소가 희미해진다.

쉬이 움직이지 못하는 용준의 손가락, 한참을 주저하던 끝에,

마음속 깊이 담아 둔 말을 조심스레 써 본다.

용준 카톡　　*너 목소리…*

하지만 결국, 썼던 글자가 다시 지워지면서—

S# 58. 원룸 건물, 여름의 방 안 / 밤

읽었지만 답이 없는 용준의 카톡을 바라보고 있는 여름.

그때, 용준의 답장이 스마트폰에 떠오른다. 보면,

용준 카톡   *음… 잘 모르겠다. 생각나면 말해 줄게!* (이모티콘)

여름   ……

용준 카톡   (바로 이어지는) *피곤하지? 얼른 자.* (이모티콘)

여름 카톡   (스마트폰을 들어 톡톡. 답을 보낸다) *응. 오늘 재밌었어. 고마워.*

쓸쓸해 보이던 여름의 얼굴에 미소가 떠오른다.

S# 59. 거리, 도로 / 낮

가을을 뒤에 태우고 횡단보도 앞에서 신호를 기다리고 있는 여름,

문득 '어?' 하고 횡단보도 너머 반대 차선을 보면,

배달 중이던 용준이 멈춰 서며, 여름에게 손을 흔들고 있다.

멀찍이 떨어진 채 손짓으로 대화를 나누는 여름과 용준.

여름   (반갑게 손을 흔들면)

용준   (반가워하다) 오늘은 늦게 가네?

여름   훈련 시간 옮겼어.

용준   그 아줌마 때문에?

여름   응. 민원이 넘 심해서.

용준   너무하네, 진짜.

가을   (여름 뒤에서 고개 내밀고) 무서워서 피하나? 더러워서 피하지. (하면)

용준   (씩씩한 그 모습에 킥킥, 웃는다)

여름   ('왜 웃지?' 하고 어리둥절하다, 신호 바뀌면) 수고해!

용준   응, 너도.

서로를 스쳐 가는 여름과 용준. 가을이 용준에게 '바이바이' 손을 흔든다.

S# 60. 체육 센터 안, 수영장 / 낮

중년 학부모가 지켜보는 가운데, 연습하는 그녀의 아들이 보인다.

그리고 농인 수영 감독이 멀찍이서 그 모습을 구시렁대며 보고 있다.

곧 중년 학부모와 아들이 연습을 끝내고 수영장을 나가고—

S# 61. 체육 센터 안, 휴게 공간 / 낮

해맑은 표정으로 한쪽에 모여 있는 가을과 농인 선수들,

유튜브를 보거나, 소리 없이 수다를 떨며 쉬고 있다.

곧 감독이 다가오면, 가을과 선수들이 수영장으로 들어간다.

S# 62. 거리, 도로 / 낮

한가한 버스 안, 창가에 앉아 꾸벅꾸벅 졸고 있는 여름이 보인다.

S# 63. 시립 농인 학습 지원 센터 안, 강의실 / 오후

강의실로 들어가, 기다리고 있던 농인 작업팀과 인사를 나누는 여름,

곧 큐 시트를 받아 들고 국제 수어 단어들을 하나씩 촬영하기 시작한다.

S# 64. 체육 센터 앞 / 밤

훈련을 끝내고 나오는 농인 수영 선수들. 기다리던 가족들과 돌아가면,

홀로 남은 가을이 두리번거리는데, 여름은 보이지 않고,

여름의 스쿠터만이 한쪽에 덩그러니 세워져 있다.

갸우뚱~ 하곤 잠시 스마트폰을 확인한다.

'아…' 하고는 혼자 갈까 하며 걸어가다 발걸음을 멈추는 가을,

여름의 스쿠터를 한번 돌아보고는 되돌아와 스쿠터에 걸터앉는다.

메시지를 보낼까 하다 하품하며 그냥 기다리기 시작하는 가을에서―

S# 65. 체육 센터 앞, 정문 인근 / 밤

잰걸음으로 수영장 건물 쪽으로 다가오는 여름,

모퉁이를 돌아서 보면, 멀리 스쿠터에 앉아 있는 가을이 보인다.

때마침 고개를 드는 가을, 여름을 발견하고 일어나 다가오고,

곧 마주 선 여름의 땀방울이 송글송글 맺힌 얼굴이 보인다.

여름   많이 기다렸어?

가을   아니. 나도 방금 끝났어. (일어나면)

여름   배고프다. 빨리 가서 밥 먹자.

스쿠터에 올라 헬멧을 쓰는 여름과 가을, 곧 부웅~ 사라지면서―

S# 66. 대형 수영 경기장 앞 / 낮

INS. 푸른 하늘 아래, 대형 수영 경기장의 모습.

수영 경기장의 주차장, 스쿠터를 세워 놓은 여름이 보인다.

감독의 구형 카니발이 들어오고 여름이 다가가면,

가을과 응원차 같이 온 동료 농인 선수들이 내린다.

여름이 가을의 커다란 가방을 들어 주려 하면,

가을   내가 할 수 있어.

바리바리 가방을 들고 동료들과 안으로 들어가는 가을.

S# 67. 대형 수영 경기장 안 / 낮

〈2023 ***배 수영 선수권 대회〉 현수막과 포스터가 보이는 수영 경기장 안.

선수들, 연맹 관계자들, 자원봉사자들, 관중들이 보인다.

일반 관중들은 별로 없고, 관계자와 선수들 가족들이 더 많아 보인다.

잘 보이는 난간에 자리 잡은 여름, 스마트폰으로 촬영을 준비하며 보면,

경기를 앞두고 입장해 스타트대 앞에 서는 가을과 선수들이 보인다.

심판의 신호에 따라 가을과 선수들이 입수 자세를 취하면,

곧, 신호와 함께 알림 등이 켜지고, 선수들이 일제히 물속으로 뛰어든다.

다른 선수들에 비해 월등한 실력으로 쭉쭉 앞서 나가는 가을,

빠르게 나아가더니 1등으로 킥턴해 역동적으로 잠영을 이어 가고,

힘찬 스트로크를 유지하면서 여유 있게 1등으로 터치 패드를 찍는다.

수경을 벗고 기록을 확인하는 가을, 환히 웃으며 관중석을 보면,

폴짝폴짝~ 그 누구보다 좋아하는 여름의 모습이 보이면서―

S# 68. 대형 수영 경기장 안, 로커 룸 / 낮

경기가 끝나고 옷을 갈아입은 선수들이 밖으로 나가면,

로커 앞에 서 있는 가을이 보이고, 여름이 기쁜 얼굴로 다가온다.

가을의 목에 걸린 금메달을 소중한 듯 구경하는 여름,

가을	(그런 여름을 가만히 바라보고 있으면)
여름	맛있는 거 먹고 들어갈까? 축하 파티 해야지?
가을	편하게 집에 가서 먹자.
여름	그래도 오늘은… (하는데)
가을	괜찮아, 언니. 선발전 나가려면, 다음 대회에서 2초 더 줄여야 돼. 파티는 그때 하자.

가을의 대견한 모습을 흐뭇하게 바라보는 여름.

여름   응. 집에 가자.

S# 69. 원룸 건물, 여름의 방 안 / 낮

알림 등 켜진 욕실에서 물소리가 들리는 가운데,

용준에게 영상 통화로 가을의 메달을 보여 주는 여름이 보인다.

여름   가을이 비장애인 대회에서 개인 신기록 세웠어!!! (냉장고로 다가가고)

용준 화면   축하해!! 그럼 동생 이제 국가대표 되는 거야?

여름   (냉장고로 다가가 식재료를 꺼내 식탁에 올려놓고) 아니.

              아직 2초 남았어. 다음 대회에서 기준 기록 넘으면,

              (프라이팬을 가스레인지에 올려놓은 뒤) 선발전에 나갈 수 있고.

              거기서 순위 안에 들면 국가대표야!

용준 화면   그럼 올림픽 나가는 거?

여름   (식탁 앞에 앉고는) 응. 내 동생 대단하지?

용준 화면   수고했어! 너도, 가을이도! 우리 오늘 축하 파티 할까?

그때, 알림 등과 함께 여름 뒤로 욕실에서 나오는 가을이 보이고,

가을	(수어로 용준과 영상 통화하는 여름을 바라보면)
여름	(아쉬움 가득한 얼굴로) 어떡하지? 동생 쉬어야 되는데…
	저녁도 챙겨 줘야 되고…
용준 화면	('아…' 아쉬워하는 용준, 그때! 여름 뒤로 가을의 얼굴이 불쑥~ 들어오면, 반
	갑다는 듯 손을 흔들고)
여름	?! (용준의 반응에 돌아보면)
가을	놀다 와, 언니.
여름	(찰나의 망설임이 스치다) 아냐. 다음에 봐도 돼.

하고, 다시 용준과 영상 통화 중인 스마트폰을 바라보면,

용준 화면	(부산하게 간단한 단어들로) 동생. 저녁밥. 나. 맡겨! 30분!!

이어 엉망진창 흔들리는 용준 화면을 어리둥절 바라보는 여름에서―

S# 70. 미정도시락 앞 / 낮

가게 앞, 용준이 특제 도시락을 들고 초조하게 누군가를 기다리고 있는데,

보면, 곧 재진이 오토바이를 타고 와 끽~ 용준 앞에 선다.

재진　　(풀 페이스 헬멧을 벗으며) 바빠 죽겠는데, 왜? 뭔데??

용준　　(픽! 헬멧을 눌러 다시 씌우고, 도시락을 안기며) 여기로 배달! 빨리!!

재진　　뭐? (어이없어) 내가 왜⋯ (하는데)

용준　　(빠르게 머리 굴리고) 소개팅! (하면)

재진　　!!?!! (비장한 표정으로 탁! 헬멧 쓰며) 맡겨 줘!

용준　　자, 출동!

재진이 잽싸게 도시락을 받아 들고 바이크에 오르는데,

찜찜한 표정의 용준이 다시 재진의 헬멧을 반쯤 벗기면,

재진　　왜? 또, 뭐?

용준　　너, 그 집 주인 개진상이니까, 벨 누르고, 문 앞에 놔두고 걍 와.

　　　　알았어?

재진　　요새 다 그렇게 하는데 뭘. 근데, 얼마나 진상이길래?

용준　　니가 상상하는 그 이상. 그니까, 웬만하면 마주치지 마. 오케?

재진　　오케.

용준　　출동!

재진　　소개팅??

용준　　(눈알 굴리며) 어.

재진　　어. (헬멧 쓰다 말고) 언제?? (하는데)

용준　　(픽! 헬멧 눌러 씌우며) 식잖아, 새꺄!! 빨리 안 가?!!!

cut to—

S# 71. 원룸 건물, 여름의 방 안 / 낮

샤워를 마치고 욕실에서 나오는 여름, 멈칫하고 보면,

온갖 옷들을 꺼내 놓고 기다리고 있던 가을이 씨익~ 웃는다.

cut to—

전신 거울 앞에 선 여름. 가을이 이 옷, 저 옷 코디를 해 주고,

cut to—

평상시의 편한 옷차림이 아닌, 여성스러운 옷을 입은 여름.

어색한 듯 미적대는 여름을 가을이 웃으며 떠밀어 보내면서—

S# 72. 거리, 횡단보도 / 낮

한적한 거리를 경쾌하게 걷고 있는 여름이 보인다.

문득! 미소가 떠오르는 여름의 얼굴, 발걸음이 천천히 느려지며

길 건너편을 바라보면, 여름을 발견하지 못한 채

설렘 가득한 얼굴로 걷고 있는 용준이 보인다.

여름   ……

마치 수영장에서 용준이 여름을 처음 보았던 그때처럼,

잠시 그렇게 용준을 바라보며 따라 걷기 시작하는 여름.

곧 용준이 횡단보도 앞에 서면 여름도 횡단보도 앞에 서고,

그제야 길 건너 여름을 발견하고 손을 흔드는 용준이 보인다.

그런 용준에게 환히 웃으며 손을 흔들어 주는 여름.

용준   (손가락으로. '내가 그쪽으로?' 하면)

여름   (손가락으로. '아니아니. 내가 그쪽으로!')

때마침 바뀌는 신호. 여름이 횡단보도를 건너가 용준 앞에 서면,

여름의 시선에, 처음 보는 여름의 여성스러운 모습을 넋 놓고 바라보는

용준의 설렘 가득한 풋풋한 얼굴이 가득 들어온다.

여름   (장난스레) 왜? 나 얼굴에 뭐 묻었어?

용준   (정신 차리고) 아냐아냐.

여름   (픽~ 웃고)

용준   우리 뭐 할까? 배고프지? 밥… 밥 먹으러 갈까? (하는데)

여름	(천천히 굳어지는 표정) 저기 혹시…
용준	????? (불안하게 흔들리는 눈빛)
여름	나 밥같이 생겼어?
용준	(화들짝) 아니아니! 왜?
여름	아니, 넌 나 보면, 맨날 밥 먹었냐, 밥 먹어라, 밥 먹자, 그러니까.
용준	(민망한 듯 긁적이며) 미안. 밥집 아들이라 그래. 그럼 뭐 할까?
여름	(빙그레 웃다가) 우리 놀러 가자!

이번엔 여름이 용준의 팔을 잡아끌며 어디론가 데려가면서—

S# 73. 원룸 건물, 복도 / 낮

헬멧을 쓴 채, 도시락을 들고 여름의 원룸으로 다가오는 재진.

주소를 확인하고, 벨을 누르고, 배달 도시락을 바닥에 내려놓는데,

허리 숙인 헬멧 재진의 시야로 천천히 열리는 현관문이 보이고, 그 위로—

용준 V.O.   웬만하면 마주치지 마.

괜히 마음이 급해진 재진이 재빨리 일어나 돌아서려는, 그때!

헬멧 쓴 재진의 시선에 문틈으로 보이는 여자의 하얀 두 발이 가득 들어온다!

재진   …!!!

멍한 표정으로 여자의 발에서 눈을 떼지 못하는 재진.

그때, 툭툭! 조심스레 재진의 헬멧을 두드리는 누군가.

재진이 천천히 고개를 들면, 가을의 청초하고 하얀 얼굴이 보인다.

가을   (살포시 웃으며, 고개를 꾸벅~ 하면)

순간! 찌리릿~! 재진의 온몸을 관통하는 전율!

빠라빠라빠라밤~ 머릿속에 울려 퍼지는 천상의 하모니!

도시락을 집어 든 가을이 스르륵 닫히는 문 사이로 사라져 가고,

홀린 듯, 넋이 나간 채, 멍하니 선 헬멧 재진의 모습에서―

S# 74. 양수리, 두물머리 강변 / 낮

INS. 북한강과 남한강이 만나는 두물머리 양수리 섬.

멀리, 강가에 난 오솔길에서 강을 바라보는 여름과 용준이 보인다.

눈앞에 시원하게 펼쳐진 강의 모습에 감탄하는 용준,

여름이 다가와 용준과 나란히 서면,

용준	우와~ 여기 되게 좋다.
여름	어렸을 때 동생이랑 맨날 놀던 데야.
용준	여기 살았었어?
여름	부모님은 아직 여기에 계셔. 가끔 와서 부모님 일도 돕기도 하고,
	생각이 많을 때는 여기 와. 이렇게 강을 바라보면 잘 정리되거든.
용준	('아…' 하는 표정이다가, 문득!) 오늘도 생각이 많아?

용준을 바라보며 발걸음을 옮기기 시작하는 여름.

여름	아니! 오늘은… 기분이 좋아서! (환히 웃으면)
용준	(그 말에 기분 좋은 듯 웃고)

시원한 바람이 불어오는 오솔길을 따라 발걸음을 옮기는 여름.
용준도 그런 여름을 따라 천천히 발걸음을 옮기기 시작하면서―

S# 75. 원룸 건물, 여름의 방 안 / 낮

재진이 전해 준 도시락을 맛있게 먹고 있는 가을.
곧 모든 음식을 깨끗이 비우고는, 문득! 스마트폰을 집어 들고,
짓궂은 웃음과 함께 여름에게 톡톡, 메시지를 보낸다.

가을 카톡 *데이트 잘 하고 있지? 답장은 보낼 필요 없어!*

그리고는 스마트폰을 뒤집어 놓고 일어나는 가을.

책상 앞에 앉아 노트북을 켜면서—

S# 76. 양수리, 두물머리 강변 / 낮

강가 옆 오솔길을 나란히 걷고 있는 용준과 여름.

여름이 스마트폰을 보며 피식~ 웃으면,

몇 발짝 앞서 간 용준이 여름을 마주하고 뒤로 걷기 시작한다.

용준	넌 하고 싶은 게 뭐야?
여름	하고 싶은 거?
용준	어.
여름	(당연하다는 듯) 동생이 언젠가 올림픽 나가는 거.
용준	아니, 동생 말고 너. 니가 진짜 하고 싶은 거.
여름	그래, 언젠가 동생이 올림픽 나가는 거.
용준	(말문이 막혀, 잠시 바라보다) 그럼 그다음에는? 뭐 하고 싶은데?

'아~' 그제야 말뜻을 알아듣고 잠시 생각에 잠기는 여름.

여름	글쎄, 모르겠네. 그러고 보니까,
	한 번도 생각해 본 적 없는 거 같은데?
용준	하고 싶은 걸?
여름	어. (그저 해맑게 웃다가) 넌 있어?
용준	나? 나도 하고 싶은 게 없었어. 중고딩 땐 걍 애들하고 노는 게
	좋았고. 대학 땐 그냥 별생각 없이 학점 따고 졸업했고. 취업할 때
	되니까, 뭘 해야 될지 모르겠더라고. 그래서 되는 대로 여기저기
	이력서 넣었는데,
여름	(호기심 어린 눈빛) ??
용준	될 리가 있나? 특별히 잘하는 것도 없고. 하고 싶은 것도 없는데.
여름	나랑 비슷하네. (웃으면)
용준	그치. (마주 웃다가) 저기, 그러면…
여름	??? (발걸음을 멈추고 바라보면)
용준	(역시 발걸음을 멈추고) 나랑 같이 찾아보지 않을래? (멋쩍게 웃다가)
	아니, 그게… 나도 아직 못 찾았으니까, 같이 이것저것 하다 보면…
	뭔가 찾을 수 있지 않을까 해서…

잔잔한 떨림과 순수한 설렘이 가득한 용준의 얼굴.
복잡한 감정이 스치던 여름의 얼굴에 천천히 미소가 떠오른다.

여름	(말없이 고개를 끄덕이면)

용준   (환한 미소가 떠오르고)

갑자기 경쾌한 발걸음으로 용준을 앞질러 가는 여름.

그리고는 용준을 향해 뒤돌아서서는,

여름   (찰칵, 용준 얼굴이름 짓고는) 친구 하자고 해 줘서 고마워.

자신의 얼굴이름처럼 즐거운 미소를 짓는 여름,

그리고는 수줍은 듯 돌아서서, 다시 오솔길을 따라 발걸음을 옮기며―

S# 77. 원룸 건물, 여름의 방 안 / 밤

노트북에서 가을의 훈련 영상이 플레이되고 있는 가운데,

훈련 기록 일지들이 펼쳐진 책상에 엎드려 곤히 잠든 가을이 보인다.

그때! 어디선가 조금씩 흘러들기 시작하는 연기!

보면, 현관문 틈으로 흘러들고 있는데,

(화재 경보) 때르르르르르릉~~~~

(누군가) 불이야~~

하지만, 듣지 못하고 그저 곤히 잠들어 있는 가을.

화재 경보와 함께, 밖에서 시끄럽게 들려오는 다급한 소리들.

원룸 안이 점점 연기로 자욱해지는 그때!

콜록, 콜록, 마른기침과 함께 퍼뜩 잠에서 깨는 가을,

가을   ?!!!?!!!

원룸 안을 채운 매캐한 연기에 순간 당황해 굳어 버린 가을,

곧 하얗게 질린 얼굴로 허둥지둥 현관문을 열고 밖으로 나가면—

S# 78. 원룸 건물, 복도 & 엘리베이터 / 밤

어디가 어딘지 분간할 수 없을 정도로, 연기로 가득 찬 복도.

아래층에서 불이 났는지, 비상계단을 통해 연기가 밀려들고 있다.

가을   !!!!!

앞이 보이지 않는 연기 속에서 공포에 질린 가을.

간신히 정신을 가다듬고 소매로 코와 입을 가린 채

엉금엉금 연기 속을 기어가면, 곧 엘리베이터 문이 보인다.

가을이 손을 뻗어 다급히 버튼을 누르면,

1층에 있던 엘리베이터가 천천히 올라오기 시작한다.

한 치 앞을 볼 수 없을 정도로 삼킬 듯 가을을 에워싸는 연기.

콜록대며 숨이 막히는 가을의 시야가 점점 흐릿해질 때,

땡! 지잉~ 하고 문이 열리는 엘리베이터. 힘겹게 기어가

탁탁탁탁, 재빨리 버튼을 눌러 문을 닫고 1층 버튼을 누르면

위이잉~ 엘리베이터가 내려가며, 가을이 안도하는 그때!

덜컹!!! 갑작스레 전원이 꺼지며 엘리베이터가 멈춰 버린다.

가을   !!!!!

패닉에 빠지는 가을, '헉, 커헉!' 과호흡에 숨이 가빠지는 가운데,

필사적으로 손을 더듬어 비상 통화 버튼을 누르고는,

누가 응답을 하는지 어떤지도 알 수 없기에 힘겹게 소리부터 내기 시작한다.

가을   (불분명하게) 어…브… 으어… 사으어…

(직원)   (잠시 신호음이 이어지다가) 여보세요?

가을   (무작정 소리만 내는) 으아… 사…르…

(직원)   무슨 일이세요? 네? 혹시 안에… (하는데, 뚝! 끊기며)

팟! 설상가상 비상 전원마저 차단되며 실내등도 꺼지고,

한 치 앞도 보이지 않는 어둠 속에 홀로 갇힌 가을.

스멀스멀, 연기가 엘리베이터 안까지 흘러드는 가운데,

가을이 천천히 의식을 잃어 가기 시작한다. 그때!

끼익, 끼이이익! 강제로 열리기 시작하는 엘리베이터 문!

철컹! 곧 문이 완전히 열리며 연기 사이로 빛이 비쳐 들고,

가을이 의식을 완전히 잃기 직전 힘겹게 올려다보면,

손을 내밀고 있는, 머리 큰 누군가의 실루엣이 보이면서—

S# 79. 거리, 횡단보도 / 밤

천천히 걸어와 횡단보도 앞에 서는 여름과 용준.

신호등을 바라보며 잠시 기다리는 여름,

어깨를 톡톡, 옆에 선 용준이 불러 돌아보면,

용준	저기…
여름	?? ('응?' 하는 표정이면)
용준	아까 친구 해 줘서 고맙다고 했잖아?
여름	(고개를 끄덕이면)
용준	(잠시 주저하다, 진지한 표정으로) 근데 나는…
	내가 너를… 처음 봤을 때부터…

여름   (가만히 바라보면)

용준   나는 너를 (하는데)

지잉~ 여름의 손에서 요란하게 진동하는 스마트폰.

여름   미안. 잠시만… (스마트폰을 들여다보는데)

순간! 표정이 창백해지며 그대로 얼어붙는 여름!

용준이 뭐라 할 틈도 없이 다급히 횡단보도를 건너 뛰어가고,

차량   빠아아아아앙아앙~~~

용준   ?!!!? 위험해!! (소리치는데)

용준의 다급한 외침은 클랙슨 소리에 묻혀 버리고,

다행히 차를 피해 횡단보도를 건너 달려가는 여름의 뒷모습에서—

S# 80. 병원, 응급실 / 밤

하얗게 질린 얼굴로 뛰어 들어오는 여름,

다급히 이리저리 확인하다, 우뚝! 발걸음을 멈추고 보면,

저만치에서 침대에 누워 있던 가을이 손을 들어 보인다.

여름   (떨리는 눈빛으로 다가가면)

가을   (애써 웃으며) 연기만 좀 마셨대. 엄마아빠 걱정하시니까

             얘기하진 마.

여름   (여전히 표정이 안 좋으면)

가을   나 진짜 괜찮아.

순간, 감정이 북받쳐 오르는 여름. 괜히 손짓이 거칠어진다.

여름   괜찮긴 뭐가 괜찮아?! 안 괜찮으면 안 괜찮다 그래.

             중요한 대회 앞두고 이게 뭐야…

가을   미안해.

여름   아냐… 내 잘못이야. 내가 같이 있었어야 했는데…

결국, 소리 없이 울음을 터뜨리고 마는 여름.

그런 여름의 등을 두드려 주는 가을의 표정이 무겁다.

S# 81. 병원, 옥상 공원 / 밤

시원한 바람이 부는 옥상 공원, 여름이 벤치에 홀로 앉아 있으면,

환자복을 입은 가을이 나타나 여름 옆에 앉는다. 여름이 돌아보면,

가을   나 정말 괜찮아. 금방 퇴원할 수 있대.

여름   선발전 못 나가면 어떡해. 차가운 물속에서 10년을 고생했는데…

가을   (대수롭지 않게) 고생은 무슨. 난 이제 물속이 더 편하고 따뜻하더라.

        그러니까 걱정하지 마. 어제 신기록 세워서, 조금 쉬어도 돼.

가을의 웃는 모습에도 여전히 걱정스러운 여름의 표정에서—

S# 82. 병원, 입원실 / 밤

다인 병실 안, 커튼이 반쯤 쳐진 침대에 가을이 누워 있다.

여름이 식사를 마친 가을의 식기를 치운 후

커튼을 완전히 둘러치고 보호자용 침대를 꺼내면,

침대에 앉아 바라보던 가을이 톡톡, 여름을 부른다.

가을   집에 가서 자.

여름   오늘은 여기서 잘게. 신경 쓰지 마. 얼른 자. (불을 끄고)

가을이 한숨과 함께 침대에 누우면, 여름이 보호자용 침대에 눕는다.

하지만, 쉬이 잠들지 못하는 여름의 얼굴에서—

S# 83. 용준의 방 안 / 밤

여름에 대한 걱정으로 늦게까지 잠 못 들고 있는 용준,

걱정스러운 표정으로 스마트폰만 바라보고 있다. 보면,

용준 카톡   무슨 일인데? 1

            안 좋은 일 있어? 1

            시간 날 때 연락 좀… 1

            무슨 일이 있는지 모르겠지만, 너무 걱정되니까…

            괜찮으면 괜찮다고, 짧게 카톡이라도 해 줄래? 1

여전히 읽지도 않고, 답도 없는 여름과의 카톡.

걱정스러운 표정에 답답함이 가득 떠오르는 용준의 얼굴에서—

S# 84. 체육 센터 안, 수영장 / 낮

수영장 입구에 모습을 드러내는 용준. 보면,

고요한 정적만이 흐르는 텅 빈 수영장만이 보인다.

S# 85. 거리, 벤치 / 낮

벤치 앞에 걱정스러운 표정으로 홀로 선 용준의 모습.

S# 86. 미정도시락 안 / 밤

저녁 장사를 마감하고 있는 미정과 인철이 보인다.

주방의 불을 끄고 걱정스러운 표정으로 바라보면,

구석에 우두커니 앉아 스마트폰만 바라보는 용준이 보인다.

S# 87. 수어 교육원, 강의실 / 오전

강의 내내 집중하지 못하고, 멍하니 창밖만 바라보는 여름.

지잉~ 스마트폰이 진동해, 보면 가을의 카톡이다.

가을 카톡   *나 퇴원하래.*

여름   (빠르게 톡톡톡!) *벌써? 알았어. 금방 갈게.*

가을 카톡   *괜찮아 언니, 안 와도 돼. 감독님 왔어. 바로 연습하러 갈 거야.*

여름   (잠시 바라보다. 톡톡) *알았어. 끝나고 바로 갈게.*

가을에 대한 걱정이 쉬이 지워지지 않는 여름의 얼굴에서―

S# 88. 체육 센터 안, 수영장 / 낮

심란한 표정으로 수영장 안으로 들어오는 여름.

보면, 동료 선수들과 함께 천천히 몸을 풀고 있는 가을이 보인다.

그때, 지잉~ 진동하는 여름의 스마트폰. 보면,

용준 문자   *혹시, 이 스마트폰 주우셨다면, 사례할 테니, ○○동 미정도시락으로*

           가져다주시면 감사하겠습니다. 부탁드립니다.

여름   … (한숨을 길게 내쉬고)

애써 용준에 대한 생각을 떨친 여름이 다시 가을을 바라보면,

본격적으로 스트로크를 치는 가을, 빠르게 킥턴 후 잠영을 이어 가는데,

순간, 심상치 않게 변하는 여름의 표정, 보면!

여름   ?!!!!!

호흡이 짧아진 가을의 숨이 뽀그르~ 터지며,

허우적대다 그 자리에 멈춰 서는 가을이 보인다.

깜짝 놀란 감독과 동료 선수들이 삽시간에 모여드는 가운데,

콜록콜록, 물을 뱉어 내고 망연자실 멈춰 있는 가을.

그런 가을을 흔들리는 눈빛으로 바라보는 여름에서—

S# 89. 체육 센터 앞 / 밤

스쿠터를 세워 놓고 가을을 기다리고 있는 여름.

곧 밖으로 나오는 가을을 발견하고 다가간다.

여름   (주저하다가) 괜찮아?

가을   어.

여름   맛있는 거 먹고 들어갈까?

가을   아니. 먼저 가. 나 약속 있어.

여름	무슨 약속?
가을	친구.
여름	친구 누구? 나도 같이 가면 안 돼?
가을	(무심한 표정으로) 언니가 왜?
여름	(말문이 막히고) ·········

가을이 그런 여름을 바라보다, 발걸음을 옮기면,

당황해하던 여름이 다시 쫓아가 톡톡 두드려 부른다.

여름	괜찮겠어?
가을	(신경질적인 손짓) 안 괜찮음?
여름	······ 그래. 알았어. 너무 늦지는 마.

멀어지는 가을의 뒷모습을 멍하니 바라보는 여름.

그 얼굴에 걱정과 서운함이 가득 떠오르면서—

S# 90. 원룸 건물, 여름의 방 안 / 밤, 아침

집안일을 하고 있는 여름. 하지만 가을 걱정에 일이 손에 안 잡힌다.

결국 걱정스러운 얼굴로 멍하니 침대에 걸터앉는 여름.

보면, 12시를 넘어가는 늦은 시간. 그때! 현관의 알림 등이 켜지면,

화들짝 놀란 여름이 침대에 누워 자는 척, 눈을 감는다.

여름의 감긴 눈꺼풀 아래 눈동자가 흔들리기 시작하고,

곧, 여름 옆에 돌아눕는 가을의 인기척이 느껴진다.

전등이 꺼지며, 등 돌리고 누운 여름과 가을 위로 어둠이 내려앉으면,

잠든 척 눈을 감고 있던 여름이 천천히 눈을 뜨는데,

여름   ……

맞닿은 등 너머로 가을이 몰래 숨죽여 울고 있는 것이 느껴진다.

생생하게 전해지는 가을의 좌절. 여름의 눈빛이 크게 흔들려 간다.

cut to—

이른 아침, 일찍부터 준비한 가을이 조용히 집을 나서면,

침대에 미동도 없이 누워 있던 여름이 천천히 눈을 뜬다.

힘없이 일어나 앉는 여름의 눈에 머리맡에 놓인 가을의 메모가 보인다.

메모   *나 연습하러 가. 이젠 수영장에 올 필요 없어.*

긴 한숨을 내쉬는 여름의 뒷모습.

S# 91. 체육 센터 안, 수영장 입구 / 낮

수영장 출입문 앞에 서 있는 여름이 보인다.

출입문 너머로 물소리가 희미하게 들려오는 가운데,

들어가 볼까, 말까… 한참을 망설이고 있는 여름에서—

S# 92. 체육 센터 안, 수영장 / 낮

입구 쪽에 조용히 모습을 드러내는 여름.

보면, 텅 빈 수영장에서 홀로 연습하고 있는 가을이 보인다.

마음에 안 드는지, 가을이 이를 악물고 다시 물속으로 뛰어들고,

지켜보는 여름의 얼굴에는 속상함과 안타까움이 떠오른다.

온 힘을 다해 보지만, 예전보다 확연히 느려진 가을의 속도.

결국 물살을 가르다 말고, 그 자리에 멈춰 서고 만다.

그렇게 물속에 한참을 미동도 없이 서 있던 가을,

첨벙첨벙~ 물 밖으로 나오다, 다가오는 여름을 발견한다.

가을   왜 왔어? 오지 말라고 했잖아.

여름   미안해…

가을   끝났어. 나 선발전 못 나가. 미안해.

여름	내 잘못이야. 나 때문에 니 꿈이… (하는데)
가을	(일그러지는 표정) 니 꿈은?
여름	뭐?
가을	니 꿈은 뭐냐고… 넌 내 꿈밖엔 모르지?
여름	가을아. 니 꿈이 내 꿈이야.
가을	(순간, 거칠게 여름을 밀어내곤) 내 꿈이 왜, 니 꿈이야? 왜 훔쳐 가?
여름	(떨려 오는) 그게 무슨 말이야? 훔치다니…?
가을	내 인생은 내 거야. 왜 내 꿈에 니 인생을 걸어?
여름	아냐. 그런 거 아냐.
가을	아직도 모르겠어? 선발전 못 나가서 힘든 게 아니라!
	니가 실망하는 거… 그게 힘들다고!!
여름	(뜻밖의 말에 충격 받고) !!
가을	매일 데려다주고 데리러 오고, 훈련비 보탠다고 알바 하는 시간 빼곤
	종일 수영장에 있잖아! 여기에 니 인생이 있어? 나 때문이잖아?
	그거 보는 내 마음이 어떤 줄 알아?
여름	(흔들리는 눈빛)
가을	떠밀려 가. 내가… 내 인생이… 내 꿈이! (눈물이 차오르며)
	쉬고 싶어도, 못 쉬고, 그만두고 싶어도, 못 그만둬.
	선발전 못 나가는 것보다…
	너 실망하는 게 더 아프고, 미안해서 힘들다고…

결국 굵은 눈물을 뚝뚝 흘리기 시작하는 가을,

넋 나간 얼굴로 그런 가을만 멍하니 바라보는 여름에서—

S# 93. 체육 센터 앞 / 낮

멍한 얼굴로 터벅터벅, 체육 센터에서 나오는 여름.

깊은 한숨을 내쉬던 여름, 문득! 발걸음을 멈추고 보면,

저만치 세워진 여름의 스쿠터 옆에서 기다리고 있는 용준이 보인다.

여름   …………

여름의 흔들리는 눈빛. 힘겨운 표정이 떠오른 여름의 얼굴이 지쳐 보인다.

곧 마음을 다잡고 다시 발걸음을 옮기면

그제야 여름을 발견한 용준이 걱정스러운 얼굴로 다가오지만,

여름은 아무런 반응 없이 용준을 지나쳐 가고,

당황한 용준이 급히 쫓아가 여름 앞에 서서 눈을 맞춘다.

용준   (걱정스러워 급히 쏟아 내는 손짓) 어떻게 된 거야?

여름   …… (가만히 서 있으면)

용준   연락은 또 왜 이렇게 안 되고? 톡 못 봤어?

여름	어. 안 봤어.
용준	(당황스러워 말문이 막히고) ············
여름	미안한데. 이제 오지 마. 연락도 하지 말아 줘.

여름이 다시 용준을 지나쳐 가면, 용준이 다시 앞으로 와 선다.

용준	갑자기 왜 그래? 무슨 일 있어?
여름	아무 일도 없어.
용준	내가 뭐 잘못한 거 있어?
여름	없어.
용준	(답답한) 근데 왜 그래?
여름	··············
용준	알려 줘. 왜 그러는지 알아야…
여름	(거칠어지는 손짓) 넌 알 필요 없다니까!

짜증스러운 반응에 굳어지는 용준의 표정. 답답한 용준의 손짓이 이어진다.

용준	내가 얼마나 걱정했는지 알아? 또 갑자기 이러면 난?
여름	······
용준	어떻게 내 생각은 하나도 안 하냐?
여름	(차가운 손짓) 내가 이제 너까지 신경 써야 돼?

용준   !!

예상치 못한 여름의 손짓에 굳어 버리는 용준, 멍해지는 그의 시선에,

미소가 사라지고 일그러진 얼굴로 손짓하는 여름이 보인다.

여름   내 주변 챙기기도 힘들어. 그냥 가. 제발…

그 어느 때보다 지치고 피곤해 보이는 여름의 얼굴.

그 웃음기 없는 메마른 얼굴을… 용준이 한참 말없이 바라본다.

용준   혹시… 나도 널 힘들게 하니?

여름   ········ (말없이 천천히 고개를 끄덕인다)

용준   ·········· (말없이 바라보다. 천천히 옆으로 비켜 서면)

여름   ··············· (터벅터벅 발걸음을 옮기고)

그렇게 서로 엇갈려 스쳐 가는 용준과 여름의 모습에서—

S# 94. 미정도시락 안 / 낮

구석 테이블에 멍하니 앉아 있는 용준의 모습,

그대로 돌이라도 된 듯, 미동도 없이 앉아 있다.

배달을 준비하며 힐끔힐끔, 용준을 걱정스레 바라보는 미정과 인철.

곧, 배달해야 될 도시락이 산더미같이 쌓이는데,

인철   (소곤소곤) 쟤 배달은 하겠지?

미정   (인철의 옆구리를 푹! 찌르며, '니가 가라!' 눈짓하면)

인철이 구시렁대며 배달할 도시락들을 집어 드는데,

용준   (어느새 다가와서는) 쉬, 갔다 올게.

도시락 배달을 나서는 용준을 걱정스럽게 바라보는 미정에서—

S# 95. 재진 방 / 밤

멍한 얼굴로 침대에 누워 있는 용준이 보인다.

그때, 퇴근한 재진이 문을 열고 안으로 들어오는데,

재진   (히죽대며 다가오다) ?!??

심상치 않은 용준의 모습에, 슬금슬금 눈치를 보며 의자에 앉는다.

재진 왜…? 무슨 일 있어?

잠시 말없이 침대에 누워만 있는 용준, 잠시 후 천천히 입을 연다.

용준 힘들게 해서 힘들어…

재진 …… ('뭔 소리야?' 라는 표정 보이다) 그렇구나.

    힘들게 해서 힘든 거구나…

용준 ……

재진 (다시 슬슬 눈치 보다) 접때 배달 거기… 너 썸녀 집인 거 같던데…

    그… 개진상은 누구야??

용준 ?! (그제야 돌아보며) 봤어?

재진 아니아니. (시선 피하며) 그냥 앞에 놓고 벨 누르고 왔지.

    근데 누군데?

용준 (다시 천정만 바라보며 말이 없다) …남동생.

재진 아~ 그렇구나. 그분이 남동생 개진상이구나. 니가 고생이 많겠네.

    (하는데)

용준 뭔 상관이야. 다 끝났는데.

재진 응? 끝나다니? 뭐가?

용준 차였다고.

재진   어… 그럼 안 되는데…

용준   그치. 안 되지. 안 되는데… 끝났어.

재진   끝날 때까진, 끝난 게 아니지 않을까?

용준   끝났으니 끝이지.

재진   아냐. 포기하지 마. 전화해. 받을 때까지 해서, 무조건 빌어.

        잘못한 거 없어도, 온 세상 잘못 다 니가 했다고 빌어.

용준   못 해.

재진   왜? 왜 못 해?? 접때도 그러더만, 왜 못 하는데?

용준   청각장애인이야. 전화해도 소용없어.

재진   ??!!!??!! (두 눈이 튀어나올 정도로 놀라는)

한참을 넋이 나가 있다가, 당황한 듯 어쩔 줄 몰라 하는 재진.

재진   어… 어… 그래? 그렇구나. 그러면 전화할 수가 없구나.

        그래서 그랬구나.

        아… 그동안 참 힘들었겠네.

용준   힘들 거 없어. 똑같은 사람인데 뭐.

재진   …… 내 말이. 힘들 게 뭐 있어.

용준   그래도 힘드네.

재진   ……… 그래. 힘들긴 힘들겠지.

용준   이젠 다 끝났는데 뭐.

재진   ………… 그래. 끝났다고 했지. 그럼 이젠 힘들 것도 없겠네.

용준   해 보지도 못한 놈이 알지도 못하면서.

재진   …………

퍼뜩! '설마~' 하는 표정이 떠오르는 재진.

재진   (떨리는 목소리) 저기… 그… 혹시 말이야… 그… 개진상 남동생…

             그분도… (어렵게 귀를 가리키며) 그래?

용준   (안타까운 표정이 되며) 어.

재진   !!! (그대로 넋이 나가 버리고)

복잡한 표정으로 멍하니 누워만 있는 용준에서—

S# 96. 거리, 벤치 / 밤

용준과 여름이 만나 시간을 보내던 벤치,

스쿠터를 세워 놓고 홀로 앉아 있는 여름이 보인다.

여름   …………

멍한 시선으로 들어오는 시끄럽고 북적이는 밤거리.

그렇게 한참을 벤치에 멍하니 앉아 있는 여름에서—

S# 97. 양수리 펜션, 야외 바비큐장 / 낮

INS. 양수리 강변에 자리 잡은 펜션 하나.

펜션 입구에서 안쪽을 바라보는 여름이 보인다.

보면, 바비큐장을 정리하고 있는 펜션 관리인 부부,

농인 부부이자 여름과 가을의 부모인 기봉(54)과 희주(52)가 보인다.

잠시 바라보던 여름이 다가가 시꺼먼 바비큐 그릴을 집어 들면,

예상치 못한 여름의 등장에 기봉과 희주가 놀라 바라본다.

희주   갑자기 웬일이야?

여름   (웃으며) 그냥. 보고 싶어서. (목장갑 끼고) 같이 해.

기봉   놔둬. 우리가 할 수 있어.

기봉이 여름을 말리려고 하면, 희주가 눈짓으로 놔두라 한다.

팔을 걷어붙인 여름이 그릴을 박박 닦기 시작하면서—

S# 98. 양수리 펜션, 야외 테이블 / 낮

맑은 찻물 위에 뜬 말린 들국화 꽃이 활짝 펴진다. 보면,

그늘진 야외 테이블에 앉은 희주, 기봉, 그리고 여름이 보인다.

차를 마시는 여름의 눈앞에 희주의 거친 손이 부드럽게 살랑인다.

희주	무슨 일 있어?
여름	일은 무슨. 없어. 가을이 훈련 잘하고, 밥 잘 먹고 그래.
희주	아니 너. 너 뭔 일 있냐고.
기봉	우린 가을이 걱정 안 하는 거 몰라? 너만 가을이 걱정해.
여름	(쓸쓸하게 웃고는) 엄마, 아빠. 나 왜 낳았어?
희주	당연히 우리 딸이니까 낳았지?
여름	나 가졌을 때, 장애가 겁나지 않았어?
희주	그게 왜 겁나?
여름	음… 힘드니까? 힘들 거니까?
희주	안 힘든데? 당신 힘들었어?
기봉	아니. 힘들 게 뭐 있어. (하다가) 아니다.
여름, 희주	?? (바라보면)
기봉	너 만드느라 밤새 힘들긴 했네!
희주	밤새? (도무지 모르겠다는 표정) 누가?

그 모습에 키득키득 웃는 여름, 다시 손짓을 이어 간다.

여름   엄마는 내가 일 돕는 거 싫어?

희주   (담담한) 어.

여름   왜? 도와주면 좋잖아?

희주   좋지. 근데, 자기는 안 챙기면서 도와주면 부담스럽지.

기봉   넌 항상 가을이랑 우리 위해서 살잖아.

여름   그래도 도와주면 좋은 거잖아.

희주   그런 걸 뭐라 그러는지 알아?

여름   (배시시 웃는) 착한 딸?

희주   (담담히 웃는) 아니.

여름   뭔데?

희주   동정.

여름   ?!!

전혀 예상치 못한 희주의 말에 굳어 버리는 여름.

눈빛이 걷잡을 수 없이 흔들리며, 눈물이 차오른다.

희주가 다정한 눈길로 그런 여름을 바라본다.

희주   여름아.

여름   (눈물로 가득한 눈으로 보면)

희주	아무도 다른 사람 인생을 대신 살아 줄 수는 없어.
	걱정되더라도 믿고 지켜봐 주는 게 가족이고.
	나는… 우리가 손을 내밀 때, 그때 도와주면 좋겠어. 알았지?
여름	…미안해, 엄마. 난…

결국 고개를 숙이고 눈물을 뚝뚝 흘리는 여름.

희주가 그런 여름의 얼굴을 부드럽게 어루만져 주면서—

S# 99. 양수리, 두물머리 공원 / 낮

잔잔한 강물과 우거진 수풀이 가득한 한적한 두물머리 공원.

여름이 생각에 잠긴 채 강가를 향해 천천히 걷고 있다.

문득! 뭔가를 발견하고 발걸음을 멈추는 여름,

여름	?!?!!

보면, 복잡한 표정으로 걸어오다 여름을 발견하고 멈춰 선 가을이 보인다.

예상치 못한 만남에 놀란 듯, 두 사람의 눈동자가 동그래진다.

여름	…………

가을	……………

서로의 비슷한 얼굴을 마주한 두 사람, 동시에 둘의 손짓이 이어진다.

여름	미안.
가을	미안.

여름과 가을의 얼굴에 천천히 미소가 떠오르며,

평소의 편안한 모습으로 돌아오는 여름과 가을에서—

S# 100. 양수리, 두물머리 강변 / 낮

강물이 잔잔하게 흐르고 있는 강가에 선 여름과 가을.

여름	어릴 때 물새 잡겠다고 맨날 왔던 거 기억나?
가을	응. (웃다가) 물새 잡으면 안 된다고, 엄마한테 엄청 혼났었잖아.
여름	그건 너지. 난 너 말리러 왔던 거였어.
가을	(치~ 하다가) 물새들 다 가 버렸나 봐. 오랜만에 보고 싶었는데…
여름	그러게…

아쉬운 표정으로 잠시 강물을 바라보는 여름과 가을.

가을   (여름을 부르고, 보면) 언니, 그 사람 왜 안 만나?

여름   …… 나 연애할 생각 없어.

가을   왜? 청각장애인이라서 그래?

여름   …… (아무 말 못 하면)

가을   나 때문이지?

여름이 말이 없으면, 가을은 텅 빈 강물을 잠시 바라보다가,

가을   물새는… 때가 되면 이렇게 날아가. 언니도 그랬으면 좋겠어.
                  한곳에 묶여 있지 말고, 언젠가 날 떠나서 자유로워길 바래.

여름   (서운한 표정) 나랑 있는 거 싫어?

가을   아니. 나, 언니한테 짐 되기 싫어.

여름   너 나한테 짐 아니야. 정말이야. 난 그냥… 니가 (얼굴 웃음 지으며)
                  이렇게 웃는 거. 그걸 보는 게 좋아. 물속에서 니가 그렇게 웃거든.

가을   그럼, 그 사람 만나. 나 챙기느라, 그 사람 곁에 못 있을까 봐
                  그런 거잖아.

여름   ……

가을   나 믿어 주면 안 돼? 난 다시 시작할 거고, 혼자 잘할 수 있어.
                  나한테만 무슨 일 생기는 거 아니고, 누구나 다 생겨. 나름대로 다들

	잘 헤쳐 가고. 장애인도, 비장애인도 다 그렇게 살아.
여름	(가을의 진심이 담긴 얼굴을 찬찬히 보다) 그래. 믿어.
가을	나 수영 포기 안 해. 언니도 그 사람 포기하지 마.
여름	……
가을	그 사람 좋아하지?
여름	……… 응. 자꾸만 생각나. 같이 있으면, 힘이 돼.
가을	보고 싶지?
여름	응. …보고 싶어.
가을	그럼 뭘 망설여?

활짝 웃는 가을의 모습에, 여름도 다시 웃음을 되찾으면서―

S# 101. 도시, 거리 / 새벽

먼동이 터 오며 회색빛 도시가 햇빛에 색들을 찾아 가면,

활기차게 하루를 시작하는 사람들이 가득 보인다.

S# 102. 용준의 방 안 / 아침

잠을 못 이룬 듯, 책상에 앉아 멍하니 창밖을 바라보는 용준.

여느 때와 같이 거리는 활기 넘치는 소리로 가득하다.

그때, 똑똑, 노크와 함께 미정이 들어와 옆에 앉는다.

미정	우리 아들… 차였어?
용준	……
미정	그런 것 같드라.
용준	티 나?
미정	어. 어떤 친구길래 우리 아들을 힘들게 해?
용준	…… (한동안 말이 없다가) 걔는… 동생 엄청 챙기고, 알바도 엄청 하면서, 열심히 사는 애야. 밥 먹을 시간도 없을 정도로.
미정	어른스럽네.
용준	어. 근데, 난 하고 싶은 게 없잖아? 근데 걔는 하고 싶은 걸… 한 번도 생각해 본 적이 없대.
미정	왜?
용준	착해서. 자긴 생각 안 하고, 맨날 남만 챙겨. 그래서 나 찬 거야. 나 힘들까 봐.
미정	왜 힘든데?

용준	못 들어.
미정	응? (순간 이해 못 하는)
용준	귀가 안 들린다고. 그래서 말도 못 하고. 그래서 나 찬 거야.
	내가 힘들까 봐. 그런 애야… 걔는…

예상치 못한 용준의 말에 크게 놀라는 미정.

하지만 용준이 상처 받을까, 놀란 표정을 감춘다.

용준	근데 항상 웃는다? 웃겨도 웃고, 미안해도 웃어. 고마워도 웃고,
	힘들어도 웃고. 자꾸 웃어. (얼굴이름 지어 보이고) 이렇게…
	(표정이 가라앉으며) 근데… 그 웃는 게… 좀 그래.
미정	뭐가?
용준	난 괜찮다… 힘내자… 자기 자신한테 그러는 거 같아서.
미정	(안쓰러운 표정이 떠오르고)
용준	근데 엄마… 나… 그래서 겁이 나. 아닌데… 정말 아닌데…
	아니라고 생각하는데… 내 마음이 혹시라도… 불쌍해서 그러는
	걸까 봐…
	그게 겁이 나.

미정의 안타까운 시선에 힘들어하는 용준의 모습이 가득 차면서—

S# 103. 거리, 골목 어귀 / 낮

도시락을 배달하고 나오는 용준. 스쿠터에 올라타다 움찔! 놀라더니,

두 다리를 바쁘게 놀려 허둥지둥 골목 안으로 들어가고,

그러는 용준의 등 뒤로 여름의 스쿠터가 쌩~ 스쳐 지나간다.

용준   ············

스쿠터가 고장 난 여름을 다시 만났던 그 골목 안에서,

여름을 피해 숨어 버린 용준의 뒷모습에서—

S# 104. 미정도시락 안 / 낮

테이블에 앉아 긴 한숨을 내쉬는 미정, 주방을 정리한 인철이 다가온다.

인철   용준이 뭐래? 실연이라도 했대?

미정   어.

인철   어? 아니, 우리 아들이 뭐가 어때서?? 내가 그냥… (하는데)

미정   못 듣는대.

인철   못 들어? 귀가 안 들린다고?

미정	그럼 코가 안 들리겠어?
인철	왜? 왜 못 들어?
미정	(확! 씨! 버럭!) 청각장애인이래!!! 그래서 못 듣고, 못 말한대! 그래서 찼대. 우리 용준이 힘들까 봐.
인철	아~ (그게 뭐 대수냐는 듯) 내가 좀 만나 볼까?
미정	당신은 괜찮겠어?
인철	어? 뭐가?
미정	청각장애인.
인철	그게 왜?
미정	(의외라는 듯 보면)
인철	안 들리는 게 뭐 어때서. 사람만 괜찮으면 됐지. 아니 막말로, 멀쩡해도 말 하나도 안 통하고, 속 터지는 사람이 어디 한둘이야?

대수롭지 않게 받아들이는 인철의 모습에 놀라는 미정.
인철을 바라보는 미정의 눈에 사랑이 가득 차오른다.

미정	그래. 내가 이래서 넘어갔지.
인철	넘어가? 뭘?
미정	(피식) 이래서 속 터지고.
인철	왜 또 속이 터져?
미정	(가뿐히 무시하고) 어떻게 하면 좋을까…

용준과 여름에게 뭐라도 도움이 될 게 있을까 고민에 빠지는 미정에서—

S# 105. 체육 센터 앞 / 낮

다음 대회를 위한 합숙 훈련을 떠나는 농인 수영 선수들.

큰 가방을 메고 구형 카니발에 오르는 가을을 배웅하는 여름이 보인다.

여름에게 손 흔들고, 구형 카니발이 출발하면 스쿠터에 오르는 여름.

헬멧을 쓰려다, 문득! 수영장 쪽을 돌아본다.

여름   ··············

잠시 바라보던 여름, 수영장 안으로 천천히 발걸음을 옮긴다.

S# 106. 거리, 벤치 / 낮

여름과 함께 있었던 벤치에 홀로 앉아 있는 용준,

북적이는 거리를 물끄러미 바라보고 있다.

잠시 거리의 온갖 소리들에 귀 기울이던 용준,

문득 주머니에서 수면용 귀마개를 꺼내 귀를 막아 본다.

용준의 세상에서 천천히 사라져 가는 모든 소리.

사라진 소리 하나로, 순식간에 생기를 잃어버린 세상.

용준의 시선에 전혀 다른 세상처럼 보이고 있다.

용준   ··············

가만히 소리 없는 세상을 바라보던 용준,

천천히 일어나 그 속으로 발걸음을 옮겨 가면서―

S# 107. 체육 센터 안, 수영장 / 낮

잔잔하게 일렁이는 수면에 반사된 햇빛으로 가득한 수영장 안.

사람 하나 없이 조용한 수영장으로 들어오는 여름이 보인다.

투명한 물을 바라보며, 잠시 산책하듯 걷던 여름,

풀 가장자리에 앉아 물속에 발을 담가 본다.

여름   ············

찰랑찰랑, 두 발로 장난하듯 가볍게 물장구쳐 보는 여름,

수면에 반사된 햇빛이 여름의 얼굴에 부드럽게 일렁이는데,

투명한 물속을 물끄러미 바라보다 문득 주위를 살피는 여름,

아무도 보이지 않자, 슬쩍 수영장 물속으로 내려선다. 그러고는,

여름   후으읍~

크게 숨을 들이마시고, 물속으로 들어가 보는 여름에서—

S# 108. 거리 / 낮

귀를 막은 채, 사람들 사이로 흘러가듯 걷고 있는 용준,

소리 없이 대화하는 연인들, 소리 없이 움직이는 차들,

소리 없이 웃는 아이들, 소리 없이 노래하는 버스커.

다른 세상을 바라보는 용준의 두 눈이 점점 깊어져 간다.

거리 한가운데 멍하니 서 있는 용준,

용준   ······??

문득, 스쳐 가는 사람들이 자신을 힐끔대는 것을 눈치챈다.

뭐라 구시렁대며 지나가지만 귀를 막은 용준은 그 이유를 알 수 없고,

사람들이 점점 노골적으로 용준을 쳐다보며 지나가기 시작하면,

'왜 저러지?' 용준의 얼굴에 어리둥절한 표정이 떠오르는, 그때!

보다 못한 여고생들이 톡톡 치며 뒤쪽을 가리키며 뭐라 하고,

그제야 발걸음을 멈춘 용준이 슬쩍, 뒤를 돌아보면,

용준   !!!!!!

보면, 길을 막고 걷던 용준의 뒤로 차들이 줄줄이 길게 늘어서 있다!

그리고 고개를 내밀고 클랙슨을 두들기며 삿대질을 하는 운전자들!!

용준   아!!

깜짝 놀란 용준이 벽 쪽으로 후다닥! 붙어 서면,

밀려 있던 차들이 줄줄이 스쳐 가며 쌍욕을 날린다.

운전자들   (소리 없이 입 모양만, '야, 이 개^$#^&^&*%^&!!!')

용준   (꾸벅이며) 죄송합니다!! 죄송합니다!!! (하다가) …!!…

그제야 왜 여름이 길 가장자리로 이끌었는지 깨닫는 용준.

복잡한 거리 한가운데 멍하니 선 용준의 모습에서—

S# 109. 체육 센터 안, 수영장 / 낮

고요한 가운데, 웅~ 희미한 이명만 울리고 있는 물속.

보면, 두 눈을 감은 여름이 투명한 물속에 떠 있다.

감고 있던 두 눈을 천천히 뜨는 여름,

여름   ……

물속에 비쳐 드는 햇살이 여름의 얼굴을 부드럽게 어루만지면,

그 따뜻한 느낌에 여름의 얼굴에 천천히 미소가 떠오르면서—

S# 110. 거리 / 낮

그동안 여름을 제대로 이해하지 못했다는 생각에,

형언할 수 없는 감정이 가득 떠오른 용준. 천천히 귀마개를 뺀다.

용준   ……………

그러자 세상은 잃었던 소리들을 되찾는다.

속삭이며 웃는 연인들, 시끄럽게 지나가는 차들.

재잘재잘 웃는 아이들, 노래하는 버스커의 맑은 목소리.

낯설었던 세상이 다시 익숙하게 다가오기 시작한다.

용준   넌… 이런 세상을 단 한 번도 보지 못한 거구나. 우린 정말…

          다른 세상을 살고 있었네.

그리고 천천히 돌아서는 용준의 모습에서―

S# 111. 체육 센터 안, 수영장 / 낮

INS. S# 5처럼, 체육 센터 앞에 세워진 용준과 여름의 스쿠터 두 대.

천천히 수영장 문을 열고 들어오는 용준. 보면,

수영장 한가운데 서 있는 여름의 뒷모습이 보인다.

그렇게 잠시 여름의 뒷모습을 가만히 바라보는 용준.

용준   …………

막상 만나니, 뭐라 할지 모르겠는 표정인 용준, 그러다 대뜸!

용준   잘 지냈어? (자기 머리, 픽!) 잘 지냈겠냐? (하다가) 밥 먹었어?

                (다시 자기 머리 쥐어뜯고) 아우, 이놈의 밥! (하다가) 아… 이게

                아닌데…

뭐라 말을 할까, 한참을 고민하다 '하…' 긴 한숨을 내쉬는 용준,

여름의 뒷모습을 보며 담담하게 다시 말을 꺼내 본다.

용준   미안해. (머리 긁적) 미안하다고 해서 이것도 미안해.

                뭐가 미안하냐면…

                잘 몰랐던 거 같아. 안다고 생각했는데, 아니더라고. 그래서 미안해.

여름 뒷모습 …………

용준   내가 널 힘들게 할 수 있다는 것도 몰라서 미안해. 이러는 것도…

                너한테 좋은 건지, 아닌지… 잘 모르겠어. 그래서 지금도 미안해.

                (머리 긁적긁적) 이러면 너도 미안해하겠지? 근데 니가 미안해할

                필요는 없어. 니 잘못이 아니니까. 누구 잘못이 아니잖아?

                (다시 긁적긁적) 하…

                뭔 말인지 모르겠네. 그러니까… 우리가 좀 멀어졌잖아?

                아니, 내가 차였지.

여름 뒷모습 (여전히 미동도 없는) ……

용준   근데, 난 그게 싫거든? 진짜 그러기 싫거든? 난 그냥…

                니가 니 생각을 안 하니까, 내가 자꾸 니 생각을 하게 돼.

여름 뒷모습 (미미하게 떨림이 일고)

용준   너가 언제나 웃었으면 좋겠어. 웃는 너 얼굴을 보고 싶어.

          너 옆에서… 계속 웃게 해 주고 싶어… 그러니까… 나는……

하지만, 더 이상 말을 잇지 못하는 용준,

용준의 목소리도 여름의 뒷모습 너머로 닿지 못한다.

그저 여름의 뒷모습을 바라만 볼 수밖에 없는 용준에서,

cut to—

용준을 등 뒤에 두고, 멍하니 물속에 서 있는 여름,

웃는지, 우는지 모를… 알 수 없는 표정을 짓고 있다.

그러다 문득! 천천히 용준을 향해 뒤돌아서면!

용준   우악!!!

풍덩! 자지러지게 놀란 용준이 허둥대다 물에 빠지고

'어푸어푸' 하며 허우적대다 가슴 높이의 물에 제대로 서면,

복잡 미묘한 표정으로 서 있는 여름이 보인다.

물속에 마주 선 채, 잠시 말없이 서로를 바라보는 용준과 여름.

용준   (어색해하다. 어색한 손짓) 나야.

여름   응. 너야.

그리곤, 우물쭈물 한참을 아무 말도 하지 못하는 용준.

여름은 희미하게 웃으며 가만히 바라보고 있다.

용준   저기… 음… 그러니까… 그게…

좀 전의 말들은 온데간데없이 손짓은 뒤죽박죽 흩어지는 가운데,

여름에 대한 진심이 용준의 표정에 떠오른다.

용준   (조심스러운 손짓) 부모님께 인사시켜 드리고 싶어.

여름   (가만히 바라보다가) 왜?

용준   …… (잠시 시선을 맞추다. 마음을 숨기듯 빠른 손짓으로)

          우리 가게에서 편하게 알바 하라고.

여름   …… (눈빛이 촉촉해지고) 난… 못 듣는데… 허락하실까?

용준   …… (떨리는 손짓으로 천천히) 알아보실 거야… 내가 너를…

          (하며 여름을 가만히 바라보다. 다시 빠르게) 네가 얼마나 열심히 하는지!

          (하곤, 엄지를 척! 세우면)

가만히 바라보던 여름이 웃으며 천천히 고개를 끄덕인다.

그 모습에 그제야 용준도 활짝 웃으면서―

S# 112. 거리, 도로 / 아침

여름을 뒤에 태우고, S# 4의 시내를 달려가는 용준의 스쿠터.

괜히 긴장한 표정의 여름이 용준의 허리를 꼭 붙잡고,

설레면서도 미소가 떠나지 않는 두 사람의 얼굴에서—

S# 113. 미정도시락 안 / 아침

스쿠터를 세워 놓고 가게 안으로 들어오는 용준과 여름.

보면, 테이블 위 접시에는 예쁘게 깎은 과일이 담겨 있고,

철 지난 정장으로 차려입은 미정과 인철이 보인다.

네 사람이 어색하게 테이블에 마주 앉으면,

용준   여긴 여름. 얼굴이름은… (얼굴이름 지으며) 이거야.

인철   (여름 보며, 헤~ 웃는) 이쁘다, 이뻐.

미정   (인철 옆구리 푹! 찌르고) 반가워요. (하다가, 다시 또박또박) 반.가.워.요.

여름   (수줍게 고개를 꾸벅 하고) ……

수줍게 앉아 있는 여름을 흐뭇하게 바라보던 미정,

'내 정신 봐.' 하며 인철에게 손가락으로 네모를 그린다.

인철이 주섬주섬 스케치북 하나를 꺼내 들고, 한 장 넘기면,

〈용준이 아빠〉라고 인철이 정성스레 쓴 글씨가 보인다.

인철   (또박또박) 나.는. 용.준.이. 아.빠. (다시 웃으며)

다시 한 장 넘기면, 이번엔 〈용준 엄마〉라고 쓰여 있다.

미정   나는. 용.준. 엄.마. (인철 옆구리 쿡!) 넘겨 봐. (넘기면, 〈반가워요〉)

           반.가.워.요. (이어, 더듬더듬 손짓으로) 반가워요. (하면)

용준, 여름   ?!!! (놀라는)

흐뭇하게 바라보던 인철이 다시 한 장 넘기면,

〈우리 용준이. 애. 바보. 눈치X. 속 터짐. 든든. 밥 많이. 똥 엄청. 등등〉

등의 단어들이 하나씩 보이며, 그때그때, 미정의 목소리도 이어진다.

미정   우리 용준이가… (넘기면) 애 같고, 가끔 바보 같아 보이고,

용준   엄마!!

미정   (또박또박) 가끔은 눈치 없고 속 터지게 하지만, (인철에게) 빨리

           넘겨 봐.

           (다음 장 넘기면) 옆에 있으면, 참 든든해요. (하고 미소를 지으면)

인철   (한 장 넘기며) 밥도 엄청 먹고, 똥도 잘 싸는 건강한 아들놈인데…

용준	…… (어처구니없는)
여름	(소리 없이, 키득키득 웃고)
미정	(인철이 다음 장 넘기면) 둘이 다시 만나는 게 어때요?
용준	?!! (기겁하며) 왜 그런 걸 물어봐? 알바 면접이라니까, 알바!
인철	알바 커플 하면 되지. 커플 알바 하거나.
미정	오~
용준	?!! ('말 되네?' 하는 표정으로 여름 슬쩍, 보면)
여름	그러죠, 뭐.
용준	!!!
미정, 인철	??!!

순간, 입을 쩍 벌리고, 얼음! 그대로 굳어 버린 용준과 부모님.

그 위로 다시 여름의 수줍은 목소리가 또렷하게 들려온다!

여름	저… 그러겠다고 했어요.
인철	뭐야뭐야뭐야?! 말… 하잖아!! (미정 보면)
미정	말 하는데?! (용준 보면)
용준	(입을 쩍! 벌리고 있다가) 그러게요?
여름	(그저 웃고만 있으면)
용준	너 못 듣는 거 아니었어?
여름	아닌데… 너가 수어로 하니까, 나도 모르게…

말을 잇지 못하는 용준, 점점 얼굴이 빨개지기 시작하는데,

용준   (더듬더듬 어렵게) 저기… 그럼… 어제, 그… 다 들은 거?

여름   (고개를 끄덕이면)

용준   (멍~ 하다가, 문득!) 그럼, 방금 그러겠다고 한 거… 그거는…? 커플?

          알바?

여름   (대답 없이 수줍은 얼굴로, 천천히 어떤 수어를 하면)

용준   ?!!!!!

다시 입이 쩍 벌어지며 얼음! 굳어 버리는 용준,

인철   뭔데? 어? 뭐라고 했는데?

미정   (버럭!) 그걸 니가 왜 궁금해해?

여름이 부끄러워 고개를 푹~ 숙이면, 용준의 얼굴이 점점 벌게지면서—

S# 114. 수영장 안 / 낮

아무도 없는 텅 빈 수영장에 홀로 스타트대에 서 있는 가을.

천천히 입수 자세를 잡고 잔잔한 수면을 응시하고 있다.

마치 음소거한 듯, 모든 소리가 사라진 가을의 세상.

한 치의 흔들림 없는 가을의 표정. 희미한 미소가 떠오르고,

힘찬 몸짓으로 물속에 뛰어드는 가을의 모습에서—

S# 115. 거리 / 낮

사람들 사이로 산책하듯 걷고 있는 용준과 여름이 보인다.

여름   근데, 수어는 왜 이렇게 잘해?

용준   대학 때 선배한테 속아서…

여름   ???

용준   그 선배가 수어는 일종의 바디랭귀지라서 세계 어딜 가도 통한다고,

             배낭여행 가려면 꼭 배워야 된다고 뻥치는 바람에 열심히 배웠었지.

그 말에 깔깔대며 웃는 여름, 용준도 시원하게 웃는다.

여름   난… 어릴 때, 수화 배우는 게 너무 싫었어. 가족들 통역해 주느라

             놀 시간이 없었거든. 근데 비 오는 어느 날… 동생이 빗소리는

             어떠냐고 묻는 거야. 그 얘기 듣고 엄청 울었어. 그때부터 정말

             열심히 배웠어.

세상 모든 소리를 들려주고 싶어서.

용준　　　나도 그랬어… 그래서… 너 만나고 나서부터 열심히 연습했었어.

여름　　　……

자신과 같았던 용준의 마음이 전해져 미소 짓는 여름,

천천히 손을 내밀면, 용준이 여름의 손을 맞잡아 온다.

S# 116. 수영장 안 / 낮

물속에서 나오다 뭔가를 발견하고, 흠칫! 굳어 일어서는 가을.

보면, 언제 들어왔는지 헬멧을 들고 선 재진이 보인다.

가을　　　(경계하며, '누구?' 하는 표정을 지으면)

재진　　　('아!' 하며, 다급히 들고 있던 헬멧을 쓰고)

(플래시백, 얼마 전) 원룸 건물 복도 / 밤

연기 속을 헤매고 있는 헬멧 쓴 재진, 문득 쿵쿵! 두드리는 희미한 소리에,

기를 쓰고 엘리베이터 문을 열면, 의식을 잃어 가는 가을이 보인다.

재진이 다급히 손을 뻗으면, 힘겹게 재진의 손을 잡는 가을에서—

가을   ('아~' 그제야 재진을 알아보고 고마운 표정으로 꾸벅! 인사를 하면)
헬멧 재진   (다짜고짜 어설픈 손짓으로) 당신을 좋아합니다.

뜬금없는 재진의 고백에 당황하는 가을, 그러다 보면!
덜덜덜, 떨고 있는 재진의 순수한 모습에 결국 픗! 웃고 마는 가을에서—

S# 117. 거리, 벤치 / 낮

언제나 함께했던 벤치에 손잡고 나란히 앉은 용준과 여름.

용준   (조심스러운) 그럼 너네 집에서, 너만 들리는 거야?
여름   응. 처음엔 다 그런 줄 알았거든? 근데 아니더라.
           우리 집만 전혀 다른 세상이었던 거였어. 그때부터 나도 모르게…
           농인처럼 살았던 거 같애.

담담하게 웃는 여름의 얼굴 위로, 며칠 전의 기억이 퍼뜩 떠오른다.

(플래시백, 얼마 전) 펜션, 야외 테이블 / 낮
눈물을 닦아 주며, 여름의 얼굴을 어루만져 주고 있는 희주.
다정한 눈으로 시선을 맞추고, 입 모양으로 소리 없이,

145

희주	'여름아…'
여름	……
희주	'넌 농인 아니야.'
여름	(다시 눈물이 흐르고)
희주	우리 때문에 농인처럼 살 필요 없어. 우리랑 다르지만,
	넌 우리 딸이고, 가을이 언니잖아. 너만 다른 세상에 있는 게 아냐.
	우리 가족이라는 세상에 같이 있는 거야.
여름	(천천히 고개를 끄덕이면)
희주	엄마아빠는 너랑 가을이를 만난 게, 우리 인생에서 제일
	잘한 일이야.
	그러니까 넌 너의 삶을 살아. 알았지?

끝없이 눈물을 흘리는 가운데, 여름이 천천히 미소 짓는다.

그리고 수어가 아닌, 자신의 목소리로 소리 내어 말한다.

여름	응. 나도 엄마아빠 딸로 태어난 게, 내 인생에서 젤 잘한 일이야.

서로에 대한 사랑으로 가득한 모두의 얼굴에서—

(현재) 거리, 벤치 / 낮

같은 웃음을 지으며, 마주 바라보고 있는 용준과 여름.

용준   여름아.

여름   응?

용준   여름아.

여름   (피식~ 웃으며) 왜, 용준아?

용준   (가만히 바라보다) 나도 (여름의 얼굴이름 짓고) 널 만난 게,

      내 인생에서 제일 잘한 일이야.

그리곤 천천히 여름의 얼굴로 다가가는 용준,

드디어 이루어지는 두 사람의 수줍은 첫 입맞춤에서―

끝.

Part 2

Our Summer

스틸 모음

용준) 저기… 아까 그 사람도 수영 선수예요?

가을) 누구요?

용준) 아까… 그쪽이랑 같이 있던 사람.

(용준) 내가 좀 봐 줘요?

제가 잘하는 건 없지만, 또 못하는 것도 없그든요~?

(여름) 오늘 힘들었지? 최고 기록 냈잖아.

(가을) 하나도 안 힘든데? 국제 수어는 어때? 난 무지 어렵던데…

(여름) 되게 헷갈려. 근데 금방 배울 수 있어. 너랑 올림픽 가야지.

여름 뭐가 이렇게 많아?

용준 니가 뭘 좋아하는지 난 모르니까… 그냥 이것저것.

용준 어때? 맛있어?

여름 어. 맛있어.

(용준) 우리 놀러 가자!

(여름) (가을) …??

용준 (반가워하다) 오늘은 늦게 가네?

여름 훈련 시간 옮겼어.

용준 넌 하고 싶은 게 뭐야?

여름 하고 싶은 거?

여름   그러고 보니까, 한 번도 생각해 본 적 없는 거 같은데?

용준   하고 싶은 걸?

가을 떠밀려 가. 내가⋯ 내 인생이⋯ 내 꿈이!

쉬고 싶어도, 못 쉬고, 그만두고 싶어도, 못 그만둬.

나 믿어 주면 안 돼? 난 다시 시작할 거고. 혼자 잘할 수 있어.

용준 너가 언제나 웃었으면 좋겠어. 웃는 너 얼굴을 보고 싶어.

너 옆에서… 계속 웃게 해 주고 싶어… 그러니까… 나는……

END

청설 각본집

초판 1쇄 인쇄 2024년 11월 19일
초판 1쇄 발행 2024년 12월 2일

편집 김하나리 **교정교열** 박혜정
디자인 시월
책임마케팅 김서연, 김예진, 김소희, 김찬빈, 박상은, 이서윤, 최혜연, 노진현, 최지현, 최정연, 조형한,
　　　　　　김가현, 황정아
마케팅 최혜령, 도우리
경영지원 백선희, 권영환, 이기경
제작 제이오

펴낸이 서현동
펴낸곳 ㈜오팬하우스
출판등록 2024년 5월 16일 제2024-000141호
주소 서울특별시 강남구 테헤란로 419, 11층 (삼성동, 강남파이낸스플라자)
이메일 info@ofh.co.kr

ISBN 979-11-94293-50-7 (03680)

스튜디오오드리는 ㈜오팬하우스의 출판 브랜드입니다.